오정현 다락방 시리즈 17

소그룹 성경공부 교재

하나님 나라의 비밀을 열다

열정의 비전 메이커 오정현 목사는
'한 사람을 그리스도 안에서 온전한 제자로 세우는 제자훈련'을 목회철학으로 삼고
'제자훈련의 국제화'와 '피 흘림이 없는 복음적 평화통일',
그리고 '통일세대를 위한 신앙인재 양성'을 위해 쉬지 않고 달려가고 있다.
현재 사랑의교회 담임목사이다.

THE DIVINE KINGDOM REVEALED

오정현 다락방 시리즈 17

소그룹 성경공부 교재

하나님 나라의 비밀을 열다

오정현

국제제자훈련원

소그룹 성경 공부
교재 사용에 대하여

제자훈련의 열매는 훈련된 평신도 지도자들이 사역하는 소그룹(구역, 다락방, 셀, 목장)이라 할 수 있다. 소그룹이란 성도 간에 아름다운 사랑의 교제를 나누며, 말씀 안에서 영적으로 성숙해 가도록 서로 돕고, 믿지 않는 사람들을 초청하여 복음을 나누는 작은 단위의 공동체이다. 소그룹은 하나님의 말씀에 기초한다. 그러므로 각자의 삶을 드러낼 수 있도록 돕고, 변화되어야 할 삶의 목표를 분명하게 제시할 수 있는 좋은 교재가 마련되면 소그룹을 운영하는 데 큰 도움을 얻는다. 그러나 분주한 목회자의 입장에서는 직접 교재를 만든다는 것이 그리 쉬운 일이 아니다. 이런 어려움을 해결할 수 있도록 돕기 위해 마련된 것이 '오정현 다락방 시리즈'이다.

본 시리즈를 사용하는 데 있어 다음 몇 가지를 참고하기 바란다.

1 이 교재는 소그룹에서 귀납적인 방법으로 성경을 공부하기 위해 만든 것이다. 즉, 성경의 가르침을 일방적으로 주입하는 대신 충분한 토의를 통해 구성원들의 생각을 먼저 정리하고 그것을 성경의 가르침과 비교하도록 구성되어 있다. 결코 정답 베껴 쓰기식의 공부가 되지 않도록 해야 한다. 서툴더라도 자기 인식과 활발한 토의 참여로 생생한 결론이 나올 수 있도록 해야 한다. 따라서 지도자는 소그룹 환경에서 귀납적 방법으로 성경을 공부하는 것이 무엇인지를 반드시 먼저 배워야 한다.

2 이 교재는 교역자가 매주 소그룹 지도자들을 먼저 예습시킨 다음 사용하게 해야 바람직한 효과를 기대할 수 있다. 소그룹 지도자가 공부할 내용을 충분히 이해해야 한다. 그냥 교재만 던져주고 마음대로 사용하게 하는 것은 좋지 않다.

3 소그룹에 참석하는 구성원은 반드시 예습을 해오도록 권장한다.

4 한 과를 공부하는 데에는 한 시간 이상이 필요하다. 그러므로 각 문제에 따라 답만 찾아보고 넘어가야 할 것과 충분한 토의를 통해 진지하게 적용할 것을 잘 구별해서 진행한다.

다락방마다 예수님의 말씀을 호흡하며,
날마다 천국적 환희로 걸어가기를!

"천국은…." 이 말씀을 선포하실 때의 예수님의 눈빛과 마음을 떠올립니다. 하늘 보좌를 떠나 이 땅에 오신 예수님은 본향인 천국을 말씀하실 때, 형언할 수 없는 거룩한 격정과 열렬한 설렘, 압도하는 감격으로 충만하셨을 것입니다. 영원무궁한 왕이 통치하시는 나라(시 10:16), 의와 평강과 희락이 강물처럼 흐르는 나라(롬 14:17), 영원히 기쁨과 찬양으로 가득한 나라(계 19:6-7), 모든 눈물을 주님이 닦아주시는 나라(계 21:4), 해보다 밝은 하나님의 영광으로 충천한 나라(계 22:5)를 조금이라도 사람들에게 밝히 말씀하시려는 예수님의 그 간절한 마음을 어찌 감히 다 헤아릴 수 있겠습니까?

우리는 천국 비유의 말씀 속에서 하늘나라의 놀라운 비밀을 깨닫기를 원하시는 예수님의 한없이 뜨겁고 간절하며 애끓는 심정을 보고 만질 수 있어야 합니다.

세상은 천문학과 첨단과학, 철학적 탐구, 심지어 점술과 같은 미신적 방식으로 하늘의 비밀을 찾고자 온갖 노력을 기울입니다. 그러나 참된 하늘의 비밀은 사람의 능력과 지혜로는 결코 깨달을 수 없습니다. 하나님 나라의 비밀은 영의 눈이 열린 자에게만 허락된 기독교만의 은혜이며 축복이기 때문입니다(마 13:11).

예수님은 비유를 통하여, 세상에는 드러내지 않는 천국의 비밀을 그의 제자들, 하나님의 백성에게는 친히 보여주고 계십니다. 뿐만 아니라 이 땅에서 "하나님의 비밀을 맡은 자"(고전 4:1)로서 능히 살아갈 수 있도록 말씀을 받는 태도, 이웃을 향한 사랑과 용서, 재물의 소유와 사용, 그리고 종말의식에 대하여 그리스도인 고유의 기준을 제시하고 있습니다.

이는 예수님께서 모든 믿는 자의 손에 천하의 금은보화로도 살 수 없는 천국 문의 열쇠를 쥐여 주신 것입니다. 그럼에도 교회 안의 적지 않은 사람들이 구원의 열쇠를 외면한 채 세상 권세와 부와 명예를 안겨주는 열쇠를 찾는 데 매달리고 있습니다. 이는 질그릇 같은 우리가 지극한 보배이신 예수님을 품고 있음을 삶으로 깊이 깨닫지 못하기 때문입니다.

마귀는 우리를 세상의 즐거움에 취하게 하여 하나님이 주시는 더 큰 기쁨을 빼앗으려 호시탐탐 노리고 있습니다. 예수님의 비유 말씀은 이처럼 마귀의 유혹과 불신으로 오염된 마음을 베어내는 거룩한 칼날이요, 세상에 빠진 심령들을 건져내는 천국 그물과 같습니다.

예수님의 비유 말씀 설교를 준비하면서, 성도들이 천국의 무한한 지평을 마음껏 달리기를 소원했고, 비유의 말씀 속에서 하나님 나라 역사의 비밀을 깨닫고 그 설렘과 기쁨이 가슴에서 맥박치기를 간절히 갈망하였습니다.

1년 동안의 비유 말씀 강해는 구주 예수님이 우리의 가장 고상함(빌 3:8)이심과 그 안에 감추어진 모든 지혜와 지식의 보화(골 2:3)를 다시 우리 속에서 불타오르게 하고, 예수님을 품은 자로서 마땅히 맺을 풍성한 열매를 위해 마음 밭을 일구도록 하는 거룩한 기경(起耕)의 복된 시간이었습니다.

다락방마다 예수님의 비유 말씀으로 은혜를 나눌 때, 주님의 손을 잡고 주님의 입술에서 선포되는 말씀을 들숨과 날숨으로 호흡하기를 소원합니다. 그리하여 "살아 있고 활력이 있는"(히 4:12) 말씀이 우리의 마음 밭을 옥토로 일구어 "어떻게 하면 그리스도인으로서 합당한 열매를 맺는 삶을 살까?"를 각성케 하고, "극히 값진 진주를 얻기 위해 자신의 전부를 드리는 값을 치르는 삶"을 고민하며 실천하는 자리로 나아가기를 기도합니다.

주후 2025년 2월
주 안에서 따뜻이
혜강惠江 오정현 삼가 적음

Lesson 1

하나님 나라 역사의 비밀

마태복음 13:10-17

10 제자들이 예수께 나아와 이르되 어찌하여 그들에게 비유로 말씀하시나이까
11 대답하여 이르시되 천국의 비밀을 아는 것이 너희에게는 허락되었으나 그들
에게는 아니되었나니
12 무릇 있는 자는 받아 넉넉하게 되되 없는 자는 그 있는 것도 빼앗기리라
13 그러므로 내가 그들에게 비유로 말하는 것은 그들이 보아도 보지 못하며 들
어도 듣지 못하며 깨닫지 못함이니라
14 이사야의 예언이 그들에게 이루어졌으니 일렀으되 너희가 듣기는 들어도 깨
닫지 못할 것이요 보기는 보아도 알지 못하리라
15 이 백성들의 마음이 완악하여져서 그 귀는 듣기에 둔하고 눈은 감았으니 이
는 눈으로 보고 귀로 듣고 마음으로 깨달아 돌이켜 내게 고침을 받을까 두려
워함이라 하였느니라
16 그러나 너희 눈은 봄으로, 너희 귀는 들음으로 복이 있도다
17 내가 진실로 너희에게 이르노니 많은 선지자와 의인이 너희가 보는 것들을
보고자 하여도 보지 못하였고 너희가 듣는 것들을 듣고자 하여도 듣지 못하
였느니라

마음의 문을 열며

세상은 천문학을 비롯한 첨단과학을 통해서, 혹은 철학적 탐구나 심지어 점술 같은 미신적인 방식으로 하늘의 비밀을 찾는 일에 몰두하고 있습니다. 그러나 참된 하늘의 비밀은 사람의 능력과 지혜로는 결코 깨달을 수 없습니다. 왜냐하면 하나님 나라의 비밀은 영의 눈이 열린 자에게만 허락된 기독교만의 은혜이며 축복이기 때문입니다.

오늘 말씀 속에서 우리의 눈을 열어 우주 만물의 피조세계에 임한 하나님 나라 역사의 비밀을 보고 그 환희를 가슴에 품게 될 것입니다. "하나님의 비밀을 맡은 자"(고전 4:1)로서 거룩한 자긍심을 가지고 이 거친 세상을 담대히 걸어가는 능력을 우리의 몸에 접붙이는 시간이 되기를 바랍니다.

말씀의 씨를 뿌리며

1 예수님께서 천국의 비밀을 비유로 말씀하신 이유는 무엇입니까?

- 10절

- 13절

2 하나님 나라, 천국의 비밀은 너무나 신비해서 인간의 실력과 능력으로는 결코 깨달을 수 없습니다. 그렇다면 누가 천국의 비밀을 깨달을 수 있습니까?

- 14-15절

- 고린도전서 2:13

3 하나님 나라의 비밀은 영안이 열린 자만이 보고 깨달을 수 있습니다. 그렇다면 영적으로 눈이 열린 자가 깨닫게 되는 천국 비밀의 핵심은 무엇입니까? 그리고 어떻게 하면 그 비밀의 깊고 놀라운 은혜를 삶으로 누릴 수 있는지 '말씀에 대한 순종'의 관점에서 살펴보세요. 그리고 이것이 어떻게 영적 빈익빈 부익부로 연결되는지 생각해보세요.

- 골로새서 1:26-27

- 요한복음 14:21

- 12절

4 천국의 비밀의 뼈대는 예수 그리스도입니다. 예수님을 아는 것이 천국 비밀을 깨닫는 알파요 오메가입니다. 그러나 예수님을 만나는 것 자체가 예수님을 더 깊이 아는 믿음을 보장하지는 못합니다. 다음 글을 읽고 그 이유를 묵상해보세요.

> 성경에는 예수님을 만난 여러 종류의 사람들이 있습니다. 3년 동안 예수님을 따랐던 제자들, 예수님을 찾아왔던 부자 청년, 예수님을 따르다가 한순간에 돌아섰던 유대인 무리들, 호시탐탐 예수님을 죽이려 했던 종교 지도자들이 있습니다. 막달라 마리아처럼 예수님으로부터 병 고침을 받음으로 예수님을 알게 된 사람들도 있고, 로마 백부장처럼 예수님을 십자가에 처형하는 현장에서 예수님이 참으로 하나님의 아들이었다고 고백하는 사람도 있으며, 십자가 상에서 예수님을 구주로 받아들였던 강도도 있습니다. 그들은 모두 예수님을 만났지만 예수님에 대해 깨닫는 수준은 천차만별이었습니다.
>
> 성숙한 그리스도인은 사도 바울처럼 예수님을 아는 것을 "이 보배를 질그릇에 가졌으니"(고후 4:7)라고 고백하며 자기에게 유익하던 것을 배설물로 여기는 사람이고(빌 3:7-8), 참 보배이신 예수님을 얻기 위해 자신의 전부를 던지는 사람입니다(마 13:46).

5 우리는 비록 질그릇처럼 깨지기 쉬운 존재이나 가슴에 하나님 나라 역사의 비밀인 예수님을 보배로 품은 자입니다. 이런 사람은 어떠한 절망적인 경우에도 넘어지지 않고, 날마다 생명이 역사하며, 예수님 때문에 은혜로 살면서 속사람이 날마다 새로워지고, 보이지 않는 영원한 영광을 바라보며 살게 됩니다. 지금 당신은 천국의 비밀인 예수님을 가슴에 모신 자로서 이러한 삶을 살고 있습니까? 이것을 방해하는 것이 있다면 무엇인지 서로 나눠보세요.

- 15절

삶의 열매를 거두며

하나님 나라의 비밀은 세상이 그토록 알기 원하지만, 영의 눈이 열리지 않고서는 그 누구도 그 어떤 노력으로도 알 수 없습니다. 우리의 눈이 열려 하나님 나라의 비밀을 날마다 깨닫고, 이 비밀의 핵심인 예수님을 가슴에 품음으로 날마다 그 영적인 환희와 거룩한 설렘으로 담대하게 살아갈 수 있도록 성령님의 도우심을 구하는 기도를 드립시다.

Lesson 2

지금 내 마음 밭은 어떠한가?

마태복음 13:1-9, 18-23

1 그 날 예수께서 집에서 나가사 바닷가에 앉으시매
2 큰 무리가 그에게로 모여 들거늘 예수께서 배에 올라가 앉으시고 온 무리는
해변에 서 있더니
3 예수께서 비유로 여러 가지를 그들에게 말씀하여 이르시되 씨를 뿌리는 자가
뿌리러 나가서
4 뿌릴새 더러는 길가에 떨어지매 새들이 와서 먹어버렸고
5 더러는 흙이 얕은 돌밭에 떨어지매 흙이 깊지 아니하므로 곧 싹이 나오나
6 해가 돋은 후에 타서 뿌리가 없으므로 말랐고
7 더러는 가시떨기 위에 떨어지매 가시가 자라서 기운을 막았고
8 더러는 좋은 땅에 떨어지매 어떤 것은 백 배, 어떤 것은 육십 배, 어떤 것은
삼십 배의 결실을 하였느니라
9 귀 있는 자는 들으라 하시니라
18 그런즉 씨 뿌리는 비유를 들으라
19 아무나 천국 말씀을 듣고 깨닫지 못할 때는 악한 자가 와서 그 마음에 뿌려진
것을 빼앗나니 이는 곧 길가에 뿌려진 자요
20 돌밭에 뿌려졌다는 것은 말씀을 듣고 즉시 기쁨으로 받되
21 그 속에 뿌리가 없어 잠시 견디다가 말씀으로 말미암아 환난이나 박해가 일
어날 때에는 곧 넘어지는 자요

22 가시떨기에 뿌려졌다는 것은 말씀을 들으나 세상의 염려와 재물의 유혹에
말씀이 막혀 결실하지 못하는 자요
23 좋은 땅에 뿌려졌다는 것은 말씀을 듣고 깨닫는 자니 결실하여 어떤 것은 백
배, 어떤 것은 육십 배, 어떤 것은 삼십 배가 되느니라 하시더라

마음의 문을 열며

농사의 성패가 토양의 비옥도에 달렸다면, 신앙의 성패를 결정하는 것은 마음 밭의 상태라고 할 수 있습니다. 마음 밭이 중요한 이유는, 마음은 믿음의 씨가 자라는 곳이기 때문입니다. 아무리 좋은 씨를 뿌려도 마음의 토양이 돌짝이면 씨가 제대로 자랄 수 없는 것이 성경적 진리입니다.

어떻게 하면 말씀이 내 마음에 떨어질 때에 솜이 물에 젖듯이 말씀에 젖을 수 있을까요? 내 삶 속에 말씀이 펄펄 살기를 원한다면 무엇보다 내 마음을 복음적 토양으로 만드는 것이 중요합니다.

오늘 말씀을 통해 우리의 마음 밭을 점검하고 새롭게 함으로, 성령님께서 마음껏 사용하실 수 있는 체질로 변화되는 시간이 되기를 바랍니다.

말씀의 씨를 뿌리며

1 예수님이 비유로 말씀하신 네 가지 마음 밭은 무엇인지 살펴보고, 각각의 특징을 말해보세요.

• 4-8절

2 신앙의 토양은 마음 밭입니다. 하나님은 우리 속에 극상품 포도나무를 심었지만, 우리의 마음이 거역하면 들포도를 맺을 수밖에 없습니다(사 5:2). 길가와 돌밭, 가시떨기에 뿌려진 씨앗에 대해 예수님은 어떻게 풀어서 말씀하십니까?

• 19-22절

3 죄성을 가진 인간에게는 말씀을 거절하는 길가의 마음, 말씀을 받지만 뿌리를 내리지 못하는 돌밭의 마음, 말씀을 받고 나름의 신앙생활을 하지만 세상의 염려로 결실하지 못하는 가시밭의 마음이 부분적으로 자리 잡고 있습니다. 어떻게 하면 우리의 마음을 기경하여 풍성한 열매를 맺는 옥토로 만들 수 있을까요?(참고. 겔 11:18-19)

- 23절

- 시편 107:34

4 다음 글을 읽고, 우리의 마음을 옥토로 기경해야 하는 이유를 묵상해 보세요.

예수님께서 청중들을 향해 자주 하신 말씀이 있습니다. "들을 귀 있는 자는 들으라." 이 말씀은 "너희의 마음 밭을 말씀을 받을 수 있는 옥토로 만들어라"는 의미입니다. 같은 말씀이라도 받는 사람들의 태도에 따라 열매가 다르고 결실이 다르기 때문입니다.

마음 밭을 옥토로 기경하기 위해서는 말씀에 자신을 묶어야 합니다. 말씀을 손목에 매고 미간에 붙이며(신 11:18), 달려가면서도 말씀을 읽고(합 2:2), 말씀을 묵상하며(시 119:20), 말씀을 간직하고(욥 22:22), 말씀에 순종하며(벧전 1:22), 말씀을 전해야 합니다(딤후 4:2).

그러면 지금 당신의 마음 밭이 옥토인지 아닌지 어떻게 알 수 있을까요? 그것은 말씀에 대한 감각이 얼마나 예민한가를 보면 알 수 있습니다. 말씀으로 인해 거룩한 찔림과 부담감, 순종하고자 하는 결단이 있다면 그것이 마음 밭이 옥토라는 증거입니다(겔 36:26).

5 옥토와 같은 마음 밭은 신앙의 연수에 비례하지 않습니다. 오랫동안 신앙생활을 했어도, 가까이 가면 예수님의 향기가 나지 않고 세속적인 언행이 여전하며, 신앙의 아름다운 열매를 맺지 못하는 사람들이 있습니다. 지금 당신의 마음 밭을 길가나 돌밭, 가시밭으로 만드는 것은 무엇인지 생각해보고, 마음 밭을 옥토로 만들기 위한 당신의 결심과 실천사항을 나눠보세요.

삶의 열매를 거두며

마음 밭의 가시덤불은 그냥 두면 삽시간에 자라 우리의 목을 조이고 영혼을 질식시킬 것입니다. 우리의 마음 밭이 옥토가 되기를 소원하며 에스겔 17장 8절의 말씀을 마음에 새깁시다. "그 포도나무를 큰 물가 옥토에 심은 것은 가지를 내고 열매를 맺어서 아름다운 포도나무를 이루게 하려 하였음이라." 우리의 마음 밭이 많은 열매를 맺는 아름다운 포도나무가 심기운 옥토가 되도록 성령님의 도우심을 구하는 기도를 드립시다.

Lesson 3

알곡 신앙의 역사의식

마태복음 13:24-30, 36-43

24 예수께서 그들 앞에 또 비유를 들어 이르시되 천국은 좋은 씨를 제 밭에 뿌
린 사람과 같으니
25 사람들이 잘 때에 그 원수가 와서 곡식 가운데 가라지를 덧뿌리고 갔더니
26 싹이 나고 결실할 때에 가라지도 보이거늘
27 집 주인의 종들이 와서 말하되 주여 밭에 좋은 씨를 뿌리지 아니하였나이까
그런데 가라지가 어디서 생겼나이까
28 주인이 이르되 원수가 이렇게 하였구나 종들이 말하되 그러면 우리가 가서
이것을 뽑기를 원하시나이까
29 주인이 이르되 가만 두라 가라지를 뽑다가 곡식까지 뽑을까 염려하노라
30 둘 다 추수 때까지 함께 자라게 두라 추수 때에 내가 추수꾼들에게 말하기를
가라지는 먼저 거두어 불사르게 단으로 묶고 곡식은 모아 내 곳간에 넣으라
하리라

36 이에 예수께서 무리를 떠나사 집에 들어가시니 제자들이 나아와 이르되 밭
의 가라지의 비유를 우리에게 설명하여 주소서
37 대답하여 이르시되 좋은 씨를 뿌리는 이는 인자요
38 밭은 세상이요 좋은 씨는 천국의 아들들이요 가라지는 악한 자의 아들들이요
39 가라지를 뿌린 원수는 마귀요 추수 때는 세상 끝이요 추수꾼은 천사들이니
40 그런즉 가라지를 거두어 불에 사르는 것 같이 세상 끝에도 그러하리라

41 인자가 그 천사들을 보내리니 그들이 그 나라에서 모든 넘어지게 하는 것과
또 불법을 행하는 자들을 거두어 내어
42 풀무 불에 던져 넣으리니 거기서 울며 이를 갈게 되리라
43 그 때에 의인들은 자기 아버지 나라에서 해와 같이 빛나리라 귀 있는 자는
들으라

마음의 문을 열며

지난 수 세기 동안 이어져 온 질문이 있습니다. “이 세상은 더 좋아지고 있는가, 더 나빠지고 있는가?” 이 질문에 대한 답은 시기와 상황에 따라 다를 것입니다. 20세기 초 과학의 발달과 함께 온 세계가 장밋빛 환상에 빠져 있을 때는 밝은 미래를 예상했고, 1, 2차 세계대전 때는 어두운 미래를 예상했을 것입니다.

그리스도인에게 동일한 질문을 한다면 어떻게 대답할까요? 우리의 대답은 자신이 얼마나 알곡 신앙을 가지고 있느냐에 따라 다를 것입니다. ‘알곡 신앙’은 마주한 형편이 어떠하든지 그곳에서 하나님 나라를 확장하고 열매를 맺는 신앙입니다.

오늘 말씀을 통해 마음의 가시덤불을 제거하고 삶과 시대를 꿰뚫는 하나님 나라 알곡으로서의 사명에 눈을 뜨는 시간이 되기를 바랍니다.

말씀의 씨를 뿌리며

1 뿌려진 씨앗은 어느덧 싹을 내고 결실할 때가 되었습니다. 밭을 돌아본 종들이 주인에게 말한 것은 무엇이며, 이러한 종들의 생각에 대해 집주인은 어떻게 대답하고 있습니까?

• 24-25절

2 하나님 나라는 알곡의 마음을 가진 자에 의해서 세워지고 확장됩니다. 그렇다면 성경에서 보여주는 알곡의 마음은 무엇이며, 한편으로 이를 방해하는 가라지의 마음은 무엇입니까?

• 알곡의 마음: 29b

• 가라지의 마음: 41b

3 알곡의 마음이 통회하는 세리처럼 심령이 가난하여 은혜를 깨닫는 마음이요 생명을 구하는 마음이라면, 가라지의 마음은 바리새인처럼 자기 의로 가득한 마음이요 생명을 죽이는 마음입니다. 당신에게는 가라지의 마음이 없는지 생각해보고, 알곡 신앙인으로 살아가기 위해서는 어떠한 태도를 가져야 할지 이야기해보세요(참고. 눅 18:9-14).

- 25절

- 베드로전서 5:8

4 다음 글을 읽고, 하나님께서 알곡과 가라지를 함께 자라게 하시는 이유가 무엇인지 묵상해보세요.

첫째, 이 세상은 선과 악이 함께 자랍니다. 이것은 기독교의 역사관입니다. 기독교 신앙은 무공해 청정지역에서 생존하는 것이 아니라 죄악과 싸우면서 자라는 것임을 보여줍니다. 주변의 악을 이상하게 여기지 말아야 합니다.

둘째, 신앙은 보이는 것으로 판단하지 말아야 함을 가르치고 있습니다. 때로는 가라지가 알곡보다 더 충실하게 보이는 것이 현실입니다. 가짜가 진짜보다 더 좋아 보일 때가 있습니다. 땅에 묻힌 뿌리를 보기 전에는 진가를 알 수가 없을 때가 많습니다. 그러므로 신앙은 보이는 것을 전부로 여기지 말아야 합니다.

셋째, 알곡은 가라지를 통해서 신앙의 순전함을 지킬 수 있기 때문입니다. 알곡이 가라지와 공존하는 것은 괴로운 일입니다. 그러나 알곡은 가라지라는 시련을 통해서 믿음이 더 깊이 자라고, 신앙이 성숙해질 수 있습니다.

넷째, 추수를 통한 종말적 심판을 바라보는 소망을 주시기 위해서입니다. 추수의 날에 열매를 맺은 알곡은 하나님의 손에 거둬지고 빈껍질인 가라지는 불쏘시개로 쓰이게 됩니다. 그때가 되면 지금 우리가 당하는 모든 고난과 모순적인 상황들이 정리될 것입니다.

5 가라지는 사람들이 영적으로 잠들어 있을 때에 사탄이 와서 심습니다. 그러므로 가라지를 약화시키고 알곡을 극대화하는 비결은 무엇보다 영적으로 깨어 있는 것입니다. 영적으로 깨어 있기 위해 무엇을 어떻게 할 수 있는지 당신의 결심과 실천사항을 나눠보세요.

삶의 열매를 거두며

하나님 나라를 세우는 알곡 신앙은 세상의 중력권에서 세상의 기준이나 세상의 인과법칙 혹은 세상의 상식이 작동하는 신앙이 아니라, 은혜의 중력권에서 하나님의 뜻에 절대 순종하는 신앙입니다. 이를 위해 상황이 나를 결정하는 것이 아니라, 사명이 상황을 결정하는 알곡 신앙으로 살아갈 수 있도록 성령님의 도우심을 구하는 기도를 드립시다.

Lesson
4

작은 겨자씨의 꿈

마태복음 13:31-33

31 또 비유를 들어 이르시되 천국은 마치 사람이 자기 밭에 갖다 심은 겨자씨
한 알 같으니
32 이는 모든 씨보다 작은 것이로되 자란 후에는 풀보다 커서 나무가 되매 공중
의 새들이 와서 그 가지에 깃들이느니라
33 또 비유로 말씀하시되 천국은 마치 여자가 가루 서 말 속에 갖다 넣어 전부
부풀게 한 누룩과 같으니라

마음의 문을 열며

예수님은 한 조각의 소망조차 찾기 어려운 상황에서 자신의 몸을 깨뜨려 그 핏값으로 몸 된 교회를 세우시고, 예수님을 따르는 제자들로 가득한 세상을 바라보셨습니다. 이것은 지금처럼 반기독교적인 문화가 득세하고 무신론적인 파고가 넘실대는 현실을 역전시키기 위해서는, 예수님의 제자 된 우리가 작은 씨앗 속에서 수천 수백의 열매를 꿈꾸는 겨자씨 신앙을 가지고 세상을 살아가야 함을 의미합니다.

오늘 말씀을 통해 세상의 상식에 의존하는 물리적인 변화가 아니라, 하나님의 법칙에 의존함으로 가정과 사회를 근본적으로 변화시키는 '작은 겨자씨의 꿈'을 다시금 회복하는 시간이 되기를 바랍니다.

말씀의 씨를 뿌리며

1 예수님께서 천국을 무엇에 비유하고 있습니까?

- 31, 33절

2 겨자씨와 누룩 비유는 지극히 작은 것 속에 엄청난 영향력이 담겨 있음을 말씀하고 있습니다. 이는 아무리 작은 존재라도 영적인 새판짜기의 눈이 열리고 하나님의 손에 붙들리기만 하면 가정과 이웃을 질적으로 변화시키는 역사가 일어남을 의미합니다. 그렇다면 이렇게 놀라운 일이 일어나기 위해서 가장 필요한 것은 무엇입니까?

- 시편 126:5

- 요한복음 12:24

3 겨자씨와 누룩의 믿음을 통한 새판짜기는 다음 세대에 겨자씨의 꿈을 전수하는 꿈판짜기라고 할 수 있습니다. 어떻게 하면 소망 없고 꿈도 없는 시대에 더 이상 과거에 매이지 않고 겨자씨의 꿈을 통한 믿음의 새판짜기를 할 수 있을까요?(참고. 마 17:20)

- 32절

- 빌립보서 3:13-14

4 다음 글을 읽고, 겨자씨 신앙을 갖는다는 것이 내 삶에 어떻게 적용될 수 있는지 묵상해보세요.

겨자씨 속에는 엄청난 생명과 역사가 담겨 있지만, 정말 중요한 것은 겨자씨가 땅에 떨어져서 심겨야 한다는 사실입니다. 수많은 그리스도인들이 이 비유를 듣고 감동하지만, 그중 대다수의 사람들이 예수님이 우리에게 말씀하신 겨자씨를 그냥 마음에 담아둘 뿐 일상의 땅 속에 심지 않고 있습니다. 그래서 겨자씨 비유는 그냥 멋지고 황홀한 이야기로 끝나고마는 경우가 너무도 많습니다. 스펄전 목사님은 이렇게 말합니다.

"여러분들이 작은 상자 속에 여러 개의 씨앗을 가지고 있다고 합시다. 그것들을 잘 살펴보세요. 만일 씨앗이 들어 있는 상자를 그대로 열두 달 동안 가만히 두고 있으면 씨앗은 여전히 같은 상태에 있을 것입니다. 마른 상자 속에 씨앗을 7년 동안 보관해 보십시오. 결국 아무 일도 일어나지 않을 것입니다. 씨를 뿌리는 일이 정말 중요합니다. 겨자씨는 흙 속에 들어가기 전에는 결코 아무 일도 일어나지 않을 것입니다."

5 아무리 비참하게 무너진 인생이라 할지라도 하나님이 주신 겨자씨의 꿈이 있는 한 다시 회복될 수 있습니다. 그러나 겨자씨의 진리를 마음에만 담고 있고 뿌리지 않는다면 내가 속한 세상에는 아무 일도 일어나지 않을 것입니다. 지금 당신이 가지고 있는 겨자씨의 꿈은 무엇인지 영적 성장과 복음전도, 봉사와 선교의 관점에서 생각해보고, 그 씨앗을 가정과 이웃에 뿌리기 위한 당신의 결심과 실천사항을 함께 나눠봅시다.

삶의 열매를 거두며

세상은 포기하는 절망적인 상황이라도 하나님이 주신 겨자씨의 꿈이 있다면 다시 일어설 수 있습니다. "이 나이에 겨자씨를 심어서 무슨 열매를 보겠나?"라고 말하는 분이 있을지 모릅니다. 그러나 복음에는 언제라도 다시 시작할 수 있는 능력이 있습니다. 우리 속에 희미해진 겨자씨의 꿈을 회복하고, 인내로써 그 씨앗을 뿌림으로 나와 내가 속한 곳을 살리는 풍성한 열매를 결실할 수 있도록 성령님의 도우심을 구하는 기도를 드립시다.

Lesson
5

인생의 보물찾기

마태복음 13:44-46

44 천국은 마치 밭에 감추인 보화와 같으니 사람이 이를 발견한 후 숨겨 두고
기뻐하며 돌아가서 자기의 소유를 다 팔아 그 밭을 사느니라
45 또 천국은 마치 좋은 진주를 구하는 장사와 같으니
46 극히 값진 진주 하나를 발견하매 가서 자기의 소유를 다 팔아 그 진주를 사
느니라

마음의 문을 열며

어렸을 때 누구나 한 번씩은 해본 보물찾기 놀이가 있습니다. 그때 받은 선물은 기억나지 않지만, 보물을 찾은 순간의 기쁨은 시간이 지나도 생생히 남아 있습니다. 그런데 보물찾기에서 흥미로운 것은 의외성입니다. 보물이 찾기 힘든 곳에 숨겨져 있는 경우도 있지만, 아주 가까이에 숨겨져 있는 경우도 적지 않습니다. 그리스도인에게 보물찾기의 장소는 늘 곁에 두는 성경입니다.

본문에 나타난 '값진 진주를 사기 위해 자신의 전부를 투자하는 상인'의 마음에는 거룩한 설렘과 환희가 있습니다. 오늘 말씀을 통해 하나님께서 우리를 위해 예비하신 값진 보물을 찾는 기쁨을 알고, 이를 위해 드려지는 삶의 즐거운 헌신에 눈을 뜨는 시간이 되기를 바랍니다.

말씀의 씨를 뿌리며

1 예수님께서는 천국을 무엇에 비유하고 있습니까?

- 44-45절

2 밭에 감추인 보화를 발견한 농부와 값진 진주를 발견한 상인에게는 공통점이 있습니다. 발견한 보화와 진주의 가치를 알아보고 그것을 얻기 위해 자신이 가진 전부를 올인(all-in)하는 투자를 했다는 것입니다. 그렇다면 그리스도인이 자신의 전부를 들여서 구해야 하는 보물은 무엇입니까?

- 마태복음 6:33

- 빌립보서 3:7-8

3 하나님 나라는 예수님의 제자라면 이 땅에서 가장 먼저, 자신의 전부를 들여서라도, 가장 끝까지 구해야 할 보화입니다. 우리가 자신의 전부를 들여서 찾고, 전적 헌신을 통해 구해야 하는 하나님 나라는 하나님의 현재적 통치가 임하는 나라입니다. 그렇다면 하나님의 통치가 임하는 하나님 나라가 우리가 전력투구해서 구해야 하는 인생의 최고의 보물이 되는 이유를 말해보세요.

- 로마서 14:17

- 히브리서 12:28

4 다음 글을 읽고, 그리스도인의 최고 보물인 하나님 나라의 현재적 통치의 가치에 눈을 뜨는 것에 대해서 묵상해보세요.

C. S. 루이스는 《나니아 연대기》에서, 마지막 전투 후 나니아가 멸망하고 아이들이 하나님이 새롭게 만드신 세상으로 귀향하는 장면에서 이렇게 말합니다. "이제부터 진짜 이야기가 시작된다. 이전까지 경험했던 모든 삶과 모험은 표지와 제목일 뿐이다. 앞으로 펼쳐질 각 장이 진정한 이야기가 될 것이다." 하나님 나라가 임하는 곳에는 그 어떤 인생이든지 새로운 이야기 즉, 인생의 새판짜기가 시작됩니다.

우리는 지금 이곳에서 하나님의 현재적 통치 가운데 하나님의 백성으로 살아가기 위해 두 가지 시각이 필요합니다. 이 땅에서 하나님 나라를 바라보는 시각과 하나님 나라의 백성으로서 이 세상을 보는 시각입니다. 현재의 삶 가운데서 하나님 나라를 바라보면 지금 우리가 겪고 있는 고통이나 상처에 함몰되지 않을 수 있습니다. 또한 하나님 나라의 시각으로 세상을 보면 목자의 심정으로 이웃의 상처와 아픔을 품을 수 있습니다.

5 우리가 인생 최고의 보물인 하나님 나라에 눈을 뜨면 그곳이 인생의 뜨거운 사막이든 메마른 광야든 엎어지지 않고 창의력과 용기를 가지고 삶의 새판짜기를 시작할 수 있습니다. 그 이유를 "모든 그리스도인은 하나님 나라를 세우는 공동 창조자"(고전 3:9)라는 관점에서 생각해 보고, 이를 위한 당신의 각오와 결심을 나눠보세요.

삶의 열매를 거두며

값진 진주를 발견한 상인은 그 가치를 알아보는 분별력이 있었고, 또한 그것을 위해 즉시 자신의 전부를 투자하는 즉각적인 반응을 하였습니다. 우리도 인생 최고의 보물인 '하나님 나라의 현재적 통치'의 가치에 눈을 뜨고, 이를 위해 어떤 상황에서도 지체 없이 적극적으로 반응할 수 있도록 성령님의 도우심을 구하는 기도를 드립시다.

Lesson
6

회색지대는 없다

마태복음 13:47-52

47 또 천국은 마치 바다에 치고 각종 물고기를 모는 그물과 같으니
48 그물에 가득하매 물가로 끌어 내고 앉아서 좋은 것은 그릇에 담고 못된 것은
내버리느니라
49 세상 끝에도 이러하리라 천사들이 와서 의인 중에서 악인을 갈라 내어
50 풀무 불에 던져 넣으리니 거기서 울며 이를 갈리라
51 이 모든 것을 깨달았느냐 하시니 대답하되 그러하오이다
52 예수께서 이르시되 그러므로 천국의 제자된 서기관마다 마치 새것과 옛것을
그 곳간에서 내오는 집주인과 같으니라

마음의 문을 열며

"4차 산업혁명의 미래는 어떻게 될까? 대한민국의 통일은 언제 가능한가? 저출산 문제는 과연 해결될 수 있는가? 우리 사회의 극단적인 이념적 대립은 종식될 수 있을까?" 성경은 종말의 시간이 깊어질수록 세상은 더 많은 문제에 직면하게 될 것을 말씀하고 있습니다(막 13:7-8).

그러나 과거에도, 지금도, 앞으로도 인간에게 가장 중요한 질문은 "당신이 구원을 받느냐 못 받느냐?"입니다. 구원에 관해서는 회색지대도 없고 타협도 없으며, 그 결과는 너무도 엄중하기 때문입니다.

오늘 말씀을 통해 '나는 구원받은 사람인가?' '나는 구원받은 사람으로서 받은 은사를 가지고 남은 인생을 어떻게 살 것인가?'를 생각하면서, 두 마음을 품지 않은 전심으로 예수님과의 인격적 교제가 더 깊어지며, 하나님을 더 기쁘시게 하는 삶을 살기로 결심하는 시간이 되기를 바랍니다.

말씀의 씨를 뿌리며

1 예수님께서는 천국을 각종 물고기를 모은 그물에 비유하고 있습니다. 큰 그물에 가득 잡은 물고기 중에서 어부들이 취하거나 버리는 기준은 무엇입니까?(참고. 엡 1:7)

- 47-48절

2 어부들에게 중요한 것은 물고기의 모양이나 색깔이 아니라, 좋은 물고기인가 아니면 못된 물고기인가입니다. 세상 끝날 심판대 앞에 설 때에 하나님께서 우리를 선택하시는 유일한 기준은 천국의 아들인가 아니면 악한 자의 아들인가입니다(마 13:38). 이 둘의 결국은 어떻게 되는지 찾아보고, 그 의미가 무엇인지 "구원에는 회색지대가 없다"라는 관점에서 말해보세요(참고. 마 25:26).

- 49-50절

3 좋은 물고기와 못된 물고기의 운명은 같을 수가 없습니다. 이것은 하나님 나라가 사탄의 나라와 섞일 수 없고, 구원과 멸망은 같은 길을 갈 수 없으며, 천국과 지옥, 영생과 영벌은 결코 타협되지 않고, 이 사이에는 어떤 회색지대도 없음을 의미합니다. 이처럼 양자의 운명을 결정하는 것은 무엇이며, 사랑의 예수님께서 심판과 종말에 대해서 이렇게도 무섭게 말씀하시는 이유는 무엇인지 생각해보세요.

- 로마서 5:9

- 요한일서 4:17

4 다음 글을 읽고, 성경에서 사랑의 하나님께서 세상 마지막 날에 있을 진노의 심판을 거듭해서 말씀하시는 이유를 묵상해 보세요.

하나님의 진노와 사랑은 동전의 양면과 같습니다. 사랑하기 때문에 진노하시며, 진노의 크기와 깊이가 클수록 하나님의 사랑이 크고 깊다는 의미입니다. 이것을 잘 보여주는 성경의 인물이 사도 요한입니다.

요한은 흔히 사랑의 사도로 알려져 있습니다. 신약성경에는 '사랑'이라는 단어가 250번 이상 나오고 이 단어를 가장 많이 쓴 사람은 사도 요한으로, 70번 이상 사용했습니다. 동시에, 사복음서 중 '심판'이라는 단어가 가장 많이 나오는 성경이 바로 요한복음입니다. 사랑에 대해서 잘 설명하고 있는 요한일서에서도 하나님의 심판에 관한 말씀이 등장합니다(요일 4:17). 하나님의 사랑을 그토록 강조하는 사도 요한이 그만큼 하나님의 심판을 강조한 이유는 무엇일까요? 어거스틴의 말에서 그 해답을 찾을 수 있습니다.

"지옥에 던져질까, 사탄과 더불어 영원한 불에 던져질까 두려워하여 하나님을 두려워 하는 사람이 있습니다. 이는 하나님의 사랑으로 들어가는 문을 열게 하는 두려움입니다." 심판에 대한 두려움이 우리를 향한 하나님의 사랑을 깨닫게 하는 열쇠가 됩니다.

5 인간은 태어나면서부터 종말을 향해 갑니다. 그리스도인은 종말의식의 초시계를 마음의 벽에 걸어놓고 매일을 걸어가야 합니다. 그 길은 양다리를 허용하지 않으며, 결코 회색지대가 없습니다. 당신의 걸음을 세상으로 향하게 하는 것은 없는지 돌아보고, 날마다 예수님의 인정을 받는 자(고후 10:18)로 걷기 위해서 지금 결심해야 하는 것을 서로 나눠보세요.

삶의 열매를 거두며

"성경은 인간을 절대적인 두 부류, 의인과 악인으로 나눕니다. 세 번째 부류는 없습니다." 예수님의 피가 선과 악의 절대적 판단 기준입니다. 신앙의 길에도 회색지대는 없습니다. 예수님의 보혈을 심령의 문설주에 바른 자로서, 세상의 유혹과 위협 앞에서도 담대히 구원의 길을 걸어갈 수 있도록 성령님의 도우심을 구하는 기도를 드립시다.

Lesson
7

하나님께 참으로 부요한 자

누가복음 12:16-21

16 또 비유로 그들에게 말하여 이르시되 한 부자가 그 밭에 소출이 풍성하매
17 심중에 생각하여 이르되 내가 곡식 쌓아 둘 곳이 없으니 어찌할까 하고
18 또 이르되 내가 이렇게 하리라 내 곳간을 헐고 더 크게 짓고 내 모든 곡식과
물건을 거기 쌓아 두리라
19 또 내가 내 영혼에게 이르되 영혼아 여러 해 쓸 물건을 많이 쌓아 두었으니
평안히 쉬고 먹고 마시고 즐거워하자 하리라 하되
20 하나님은 이르시되 어리석은 자여 오늘 밤에 네 영혼을 도로 찾으리니 그러
면 네 준비한 것이 누구의 것이 되겠느냐 하셨으니
21 자기를 위하여 재물을 쌓아 두고 하나님께 대하여 부요하지 못한 자가 이와
같으니라

마음의 문을 열며

“돈을 사랑함이 일만 악의 뿌리가 되나니”(딤전 6:10). 우리는 이 말씀을 너무도 잘 알고 있습니다. 그럼에도 우리의 마음은 여전히 돈을 향하고 있습니다. 세상에서 돈의 중력에 휩쓸리지 않는 것이 있기나 할까요?

돈이 절대반지가 되어버린 현실에서, 본문은 어리석은 부자 이야기를 통해 그리스도인에게 너무도 중요한 교훈을 하고 있습니다. 어리석은 부자의 죄는 많은 재물을 소유한 것이 아니라 자기가 받은 복의 근원 되시는 하나님을 잊어버린 것임을 너무도 선명하게 보여주고 있습니다.

이 시간, 말씀의 칼날로 돈의 중력에 사로잡힌 마음을 베어내고, 진정으로 우리를 부요하게 하는 것이 무엇인지를 깨달음으로, 남은 평생을 재물이 아니라 재물의 주인이신 하나님을 섬기기로 결단하는 시간이 되기를 바랍니다.

말씀의 씨를 뿌리며

1 밭에서 풍성한 소출을 거둔 부자가 자신이 소유한 많은 재물과 곡식을 보면서 심중에 생각하고 자기 영혼에게 말한 것은 무엇입니까?

- 17-19절

2 소유한 재물을 자신의 것으로 여겨 배를 두드리며 즐거워하는 부자에게 하나님은 무엇이라고 말씀하십니까? 이를 통해 재물에 관해 하나님께서 우리에게 가르치고자 하시는 것이 무엇인지 당신의 말로 풀어서 말해보세요.

- 20절

- 역대상 29:11-12

3 성경은 어리석은 부자를 "자기를 위하여 재물을 쌓아 두고 하나님께 대하여 부요하지 못한 자"라고 지적하고 있습니다. 그렇다면 '하나님께 대하여 부요하다'는 의미를 생각해보고, 각자의 삶에서 하나님께 대하여 부요한 증표들은 무엇인지 나눠보세요.

- 마태복음 6:19

- 디모데전서 6:17-19

4 다음 글을 읽고, 하나님께 대한 부요함은 하나님이 내게 주시는 은혜를 예민하게 실감하면서 주님께 기쁜 마음으로 자신을 드리는 것이라는 사실을 묵상해보세요(참고. 고후 8:1-4).

마게도냐 교인들은 하나님께서 부어주신 놀라운 은혜를 받고 그냥 있지 못했습니다. 하나님의 은혜는 마치 한여름에 쏟아지는 우박처럼 그들의 마음을 두드렸고, 그들의 삶을 거룩한 흥분으로 들썩거리게 했습니다. 진짜 은혜를 받으면 작은 것이라도 자신이 가진 것을 하나님께 드리고 싶은 열망이 가슴에 솟구치게 됩니다.

큰 환란과 극심한 가난 속에서도 풍성한 연보를 드리는 마게도냐 성도들은 은혜에 사로잡힌 부요한 자의 모습을 생생하게 보여주고 있습니다. 나아가 그들은 자신의 재물을 통해 교회와 성도를 섬기는 것을 특권으로 여기며 이 특권에 동참하기를 간절히 청했습니다. 마게도냐 교인들은 기쁨으로 드리는 헌금을 통해 열정으로 가득한 흥미진진한 예배를 드렸습니다. 이것이 진정으로 하나님께 부요한 자의 모습입니다.

5 하나님께 대하여 부요한 자는 "내게 주신 모든 은혜를 내가 여호와께 무엇으로 보답할까"(시 116:12)라는 은혜 의식을 가진 사람입니다. 그들은 첫째, 삶의 우선순위가 재물보다 하나님께 있는 자요, 둘째, 인생의 창고를 짓기 전에 하늘에 보물을 쌓는 자이며, 셋째, 하나님을 전적으로 의탁하면서 실오라기 하나라도 하나님께 맡기는 자입니다. 이러한 관점에서 당신은 하나님께 대하여 얼마나 부요한지 생각해보고, 하나님께 대하여 부요한 자가 되기 위한 당신의 각오와 실천사항을 나눠보세요.

삶의 열매를 거두며

세상 사람들의 인생 목표는 부자가 되는 것이지만, 그리스도인의 목표는 하나님께 대하여 부요한 자가 되는 것입니다. 이 목표를 위해서, 재물로 유혹하는 세상의 소리에 맞서는 힘을 주시도록, 또한 하나님께서 주신 모든 은혜에 반응하는 부드러운 마음(겔 36:26)과 뜨거운 감사의 눈물(눅 17:15-16)을 주시도록 성령님의 도우심을 구하는 기도를 드립시다.

Lesson 8

우리 서로 기쁜 날

누가복음 15:1-7

1 모든 세리와 죄인들이 말씀을 들으러 가까이 나아오니

2 바리새인과 서기관들이 수군거려 이르되 이 사람이 죄인을 영접하고 음식을 같이 먹는다 하더라

3 예수께서 그들에게 이 비유로 이르시되

4 너희 중에 어떤 사람이 양 백 마리가 있는데 그 중의 하나를 잃으면 아흔아홉 마리를 들에 두고 그 잃은 것을 찾아내기까지 찾아다니지 아니하겠느냐

5 또 찾아낸즉 즐거워 어깨에 메고

6 집에 와서 그 벗과 이웃을 불러 모으고 말하되 나와 함께 즐기자 나의 잃은 양을 찾아내었노라 하리라

7 내가 너희에게 이르노니 이와 같이 죄인 한 사람이 회개하면 하늘에서는 회개할 것 없는 의인 아흔아홉으로 말미암아 기뻐하는 것보다 더하리라

마음의 문을 열며

예수님을 믿는다는 것이 삶의 현장에서는 어떤 모습으로 나타날까요? 바리새인과 서기관들도 하나님을 믿었습니다. 그들은 성경을 믿었고, 심지어 하나님의 주권도 믿었습니다. 그러나 그들의 믿음은 자기 기준에 사로잡힌 믿음이었으므로, 하나님께서 죄인들과 함께하신다는 사실을 도무지 받아들일 수가 없었습니다.

본문은 자기 의에 사로잡혀 다른 사람을 정죄하고, 판단하고, 분리하는 바리새인의 믿음에 경종을 울리며 우리를 예수님의 목자의 심정, 차별 없는 복음의 정신으로 이끌고 있습니다. 말씀을 통해 잃어버린 양을 찾으시는 목자의 심정 안에 들어가, 생명을 위해 자신을 아끼지 않으신 예수님의 마음에 접붙임이 되어 구원의 기쁨에 동참하는 시간이 되기를 바랍니다.

말씀의 씨를 뿌리며

1 "모든 세리와 죄인들이" 예수님의 말씀을 들으러 가까이 나왔습니다. 이러한 현장을 목격한 바리새인과 서기관들은 예수님이 "죄인을 영접하고 음식을 같이 먹는다"라고 수군거렸습니다. 예수님께서 잘못된 분리 의식에 사로잡혀 정죄하는 바리새인들과 서기관들을 보며 말씀하신 잃은 양 비유의 핵심을 다음 구절 속에서 찾아보세요.

- 4절

2 잃은 양 한마리로 인해 "아흔아홉 마리를 들에 두고 그 잃은 것을 찾아내기까지 찾아다니는" 목자의 절박한 심정을 상상해 보세요. 잃었던 양을 찾은 목자의 모습을 성경은 어떻게 표현하고 있습니까?

- 5-6절

- 요한복음 10:11

3 잃은 양 비유의 핵심은 단지 양을 찾는 것에 있지 않고, 찾은 양으로 인한 충만한 기쁨에 있습니다. 잃은 양을 찾았다는 목자의 기쁨이 다른 모든 기쁨을 삼켜버렸습니다. 여기에 나타난 복음의 진수를 다음 구절들을 참고하여 당신의 말로 풀어보세요.

- 누가복음 15:20

- 요한복음 13:1

4 다음 글을 읽고, 죄인들을 사랑하시는 예수님의 심정을 생각해보고, 우리가 목자의 심정을 가질 때 누리는 기쁨에 관해서 묵상해보세요.

> "죄인에 관한 문제라면, 하나님께서는 그냥 팔 벌리고 서서 이리 오라고 말씀만 하시지 않고 줄곧 기다리신다. 탕자의 아버지가 그랬던 것처럼. 아니, 그분은 서서 기다리시지 않고 찾아 나서신다. 목자가 잃은 양을 찾아 나선 것처럼. 그분은 우리가 아무리 먼 곳에 있다 하더라도 찾아오신다. 아니, 이미 찾아오셨다. 하나님의 신분에서 인간이 되시기 위해 무한히 먼 길을 오신 것처럼."
>
> 예수님은 왜 자격 없는 우리를 오래 기다리시고 우주 끝까지 추격하시며, 목숨을 대신해서라도 찾으실까요? 잃었던 양을 찾는 기쁨 때문입니다. 지옥의 문지방에 있는 우리를 천국의 문으로 인도하실 때의 기쁨이 다른 모든 기쁨을 삼키는 것입니다.

5 신앙의 연수가 오래지만 그 얼굴에서 세상과 구별되는 기쁨을 찾을 수 없다면, 그것은 아마도 하나님이 마치 사랑할 자가 나밖에 없는 것처럼 찾으시고 만나주시며, 치유해주신 경험이 없기 때문일 것입니다. 지난 한 주 동안 예수님 때문에 가졌던 기쁨을 생각해보고, 이 기쁨을 누리기 위한 당신의 결심과 실천사항을 나눠보세요.

삶의 열매를 거두며

하나님이 가장 기뻐하시는 것은 잃어버린 양이 돌아오는 것이요, 또한 우리가 더 이상 죄에 머물지 않는 것입니다. 목자의 심정으로 이웃에게 복음을 전하고, 죄의 자리에서 떠나 주님께 나아갈 수 있도록 성령님의 도움을 구하는 기도를 드립시다.

Lesson
9

용서할 줄 모르는 종 비유

마태복음 18:21-35

21 그 때에 베드로가 나아와 이르되 주여 형제가 내게 죄를 범하면 몇 번이나
용서하여 주리이까 일곱 번까지 하오리이까
22 예수께서 이르시되 네게 이르노니 일곱 번뿐 아니라 일곱 번을 일흔 번까지
라도 할지니라
23 그러므로 천국은 그 종들과 결산하려 하던 어떤 임금과 같으니
24 결산할 때에 만 달란트 빚진 자 하나를 데려오매
25 갚을 것이 없는지라 주인이 명하여 그 몸과 아내와 자식들과 모든 소유를 다
팔아 갚게 하라 하니
26 그 종이 엎드려 절하며 이르되 내게 참으소서 다 갚으리이다 하거늘
27 그 종의 주인이 불쌍히 여겨 놓아 보내며 그 빚을 탕감하여 주었더니
28 그 종이 나가서 자기에게 백 데나리온 빚진 동료 한 사람을 만나 붙들어 목
을 잡고 이르되 빚을 갚으라 하매
29 그 동료가 엎드려 간구하여 이르되 나에게 참아 주소서 갚으리이다 하되
30 허락하지 아니하고 이에 가서 그가 빚을 갚도록 옥에 가두거늘
31 그 동료들이 그것을 보고 몹시 딱하게 여겨 주인에게 가서 그 일을 다 알리니
32 이에 주인이 그를 불러다가 말하되 악한 종아 네가 빌기에 내가 네 빚을 전
부 탕감하여 주었거늘
33 내가 너를 불쌍히 여김과 같이 너도 네 동료를 불쌍히 여김이 마땅하지 아니
하냐 하고
34 주인이 노하여 그 빚을 다 갚도록 그를 옥졸들에게 넘기니라
35 너희가 각각 마음으로부터 형제를 용서하지 아니하면 나의 하늘 아버지께서
도 너희에게 이와 같이 하시리라

마음의 문을 열며

"증오는 우리를 과거의 감옥에 갇히게 하고, 용서는 우리에게 미래의 이력서를 쓰게 한다"라는 용서의 유익을 알면서도 '이렇게 나에게 상처 주고 나를 어렵게 한 사람을 용서할 바에는 차라리 지옥의 구렁텅이로 빠지는 것이 낫다'라는 생각을 하는 사람들이 있습니다.

용서가 왜 이토록 어려울까요? 용서는 '피해자'가 하는 것이기 때문입니다. 죄성을 가진 인간에게는 진정한 용서의 능력이 없습니다.

오늘 말씀 속에서 성경적인 용서의 신비에 눈이 열리고, 은혜의 대로에 서 있는 용서의 문으로 힘차게 걸어들어가, 진정한 영혼의 자유를 경험하는 시간이 되기를 바랍니다.

말씀의 씨를 뿌리며

1 "형제가 내게 죄를 범하면 몇 번이나 용서하여 주리이까"라는 베드로의 질문에 예수님은 "일곱 번을 일흔 번까지라도 할지니라"라고 대답하십니다. 이것은 한계 없이 용서하라는 말씀입니다. 종의 만 달란트 빚을 탕감해준 주인 비유가 한계 없는 용서를 설명하는 이유를 말해보세요.

- 23-27절

2 만 달란트를 탕감 받은 종은 자기에게 백 데나리온 빚진 동료를 만나자 그의 목을 조르고 빚을 갚을 때까지 감옥에 가두었습니다. 용서의 관점에서 이 비유가 보여주는 의미는 무엇입니까?

- 28-30절

• 에베소서 2:3

3 만 달란트 빚을 탕감받은 종은 영적으로 엄청난 구원의 은혜를 받았음에도 그 은혜를 잊어버리는 우리입니다. 우리는 일평생 다 갚을 수 없는 은혜를 받았음에도 그 은혜에 감읍하기는커녕 백 데나리온 빚진 동료에게 분노와 증오로 목줄을 채우고 있습니다. 예수님은 이런 자에게 어떤 심판을 내리고 있습니까?

• 34-35절

4 다음 글을 읽고, 용서가 그토록 어려운 이유에 대해 영적인 관점에서 묵상해보세요.

용서만큼 사탄의 심장을 찌르고, 사탄을 주저앉히는 무기가 또 있을까요? 하나님을 반역하고 지옥으로 가는 인간을 다시 하나님과 화해시킨 방법이 하나님의 용서입니다. 사라질 위기에 놓인 가정을 살리고 이스라엘이 큰 민족이 되게 한 것은, 자신을 팔았던 형제들에 대한 요셉의 용서였고, 거듭되는 불순종으로 인해 하나님께로부터 내쳐져도 마땅한 이스라엘을 구했던 것은, 자신을 돌로 치려 했던 이스라엘 백성들에 대한 모세의 용서였습니다. 무엇보다 죄로 파멸될 인간을 다시 하나님과 화목하게 한 것은 십자가의 용서였습니다.

그렇기 때문에 사탄은 증오의 칼날을 우리 마음속에 심어 놓고, 용서하려는 마음을 지속적으로 흔들고, 용서하려는 기미조차 일어나지 않도록 온갖 방해를 하는 것입니다. 그러므로 사탄의 입장에서 보면 용서라는 단어는 자신의 사전에서 완전히 제거하고 싶은 참으로 끔찍한 첫 단어가 아닐 수 없습니다.

5 용서는 무엇보다 상대방이 아닌 나 자신을 위한 것입니다. 그럼에도 우리는 여전히 용서의 문으로 들어가기를 주저하고 있습니다. 당신은 아직 해결되지 않은 분노와 증오와 원한의 감옥에서 고통받고 있지는 않습니까? 용서하지 못함으로 인해 겪은 고통이 있다면 이야기해보고, 용서의 경험을 통해서 삶이 치유된 경험이 있다면 나눠봅시다.

삶의 열매를 거두며

용서는 죄성을 가진 인간의 본능을 역행하는 것입니다. 인간의 마음은 그냥 두면 가인처럼 미움의 감정으로 흐르게 되어 있습니다. 이처럼 미움의 물줄기를 거슬러 용서의 마음으로 되돌리려면 미움으로 흐르는 죄의 중력보다 몇 배나 더 큰 은혜의 능력이 요구됩니다. 날마다 죄의 힘을 압도하는 대속의 은혜를 통하여 용서가 우리의 거룩한 체질이 될 수 있도록 성령님의 도우심을 구하는 기도를 드립시다.

Lesson 10

소원, 부흥, 회개는 같이 간다

누가복음 11:29-30, 요나 3:4-10

누가복음 11:29-30

29 무리가 모였을 때에 무리 중에서 예수께서 말씀하시되 이 세대는 악한 세대
라 표적을 구하되 요나의 표적 밖에는 보일 표적이 없나니
30 요나가 니느웨 사람들에게 표적이 됨과 같이 인자도 이 세대에 그러하리라

요나 3:4-10

4 요나가 그 성읍에 들어가서 하루 동안 다니며 외쳐 이르되 사십 일이 지나면
니느웨가 무너지리라 하였더니
5 니느웨 사람들이 하나님을 믿고 금식을 선포하고 높고 낮은 자를 막론하고
굵은 베 옷을 입은지라
6 그 일이 니느웨 왕에게 들리매 왕이 보좌에서 일어나 왕복을 벗고 굵은 베 옷
을 입고 재 위에 앉으니라
7 왕과 그의 대신들이 조서를 내려 니느웨에 선포하여 이르되 사람이나 짐승이
나 소 떼나 양 떼나 아무것도 입에 대지 말지니 곧 먹지도 말 것이요 물도 마
시지 말 것이며
8 사람이든지 짐승이든지 다 굵은 베 옷을 입을 것이요 힘써 하나님께 부르짖
을 것이며 각기 악한 길과 손으로 행한 강포에서 떠날 것이라
9 하나님이 뜻을 돌이키시고 그 진노를 그치사 우리가 멸망하지 않게 하시리라
그렇지 않을 줄을 누가 알겠느냐 한지라
10 하나님이 그들이 행한 것 곧 그 악한 길에서 돌이켜 떠난 것을 보시고 하나
님이 뜻을 돌이키사 그들에게 내리리라고 말씀하신 재앙을 내리지 아니하시
니라

마음의 문을 열며

죄는 무서운 것입니다. 하나님과의 관계를 깨뜨리고 영적인 죽음으로 인도합니다. 그런데 죄보다 더 무서운 것이 회개하지 않는 마음입니다. 죄를 지은 사람은 얼마든지 다시 살아날 기회가 있지만, 죄를 회개하지 않는 마음은 구원의 소망이 없기 때문입니다.

회개하지 않는 마음은 완악한 마음이요 죄에 마비된 마음이며, 무엇보다도 하나님을 찾지 않는 마음입니다. 하나님을 찾지 않는 사람에게 무슨 소망이 있을까요?

오늘 말씀을 통해 돌아오기를 기다리시는 하나님의 마음을 깨닫고, 악한 길에서 떠나 마음을 찢으며 회개함으로 하나님의 얼굴을 찾는 시간이 되기를 바랍니다.

말씀의 씨를 뿌리며

1 무리가 예수님께 표적을 구했을 때, 예수님께서 그들에게 보이신 표적은 무엇입니까?

- 29절

2 악한 세대에게 요나가 표적이 되었다는 의미는, 요나가 물고기 뱃속에서 나와 하나님의 심판과 구원을 외쳤을 때에 악한 니느웨 사람들이 회개하고 돌아온 것을 의미합니다. 그런데 요나의 외침을 듣고 니느웨 성읍 사람들이 회개하자, 요나는 매우 싫어하고 성내었습니다. 그 이유는 무엇입니까? 요나처럼 닫힌 마음, 강퍅한 마음으로는 개인이나 공동체가 부흥으로 나가지 못하는 이유를 말해보세요.

- 요나 4:1-2

• 시편 119:32

3 요나는 하나님의 명령에 불순종하여 도망갔지만, 하나님은 요나를 포기하지 않으셨습니다. 하나님께서 속 좁고 못난 요나를 끝까지 붙잡으신 이유를 사명의 관점에서 생각해보고, 여기에 깃든 하나님의 심정은 무엇인지 이야기해보세요.

• 요나 4:11

• 에스겔 18:23

4 다음 글을 읽고, 내 생각대로 되지 않는다고 성내지 말고 마음을 넓히는 것이 개인이나 공동체가 부흥으로 나가는 길임을 묵상해보세요.

신앙적인 의미에서 마음이 넓어진다는 것은 세상의 상식이나 인본주의적인 사고로 채워진 마음이 순전한 복음으로 깨끗하게 청소되는 것이며, 그 빈자리를 하나님의 말씀으로 채우는 것입니다. 좁은 마음은 공동체를 어렵게 하고 성도 간의 관계를 어지럽힙니다. 그래서 바울은 "고린도 교인들이여, 제발 마음을 넓히라"고 요청하고 있습니다(고후 6:11-13). 12절의 "심정에서 좁아진"이라는 표현은 새번역은 "마음이 옹졸한", 현대인의 성경은 "마음을 닫은"으로 번역하고 있습니다. 당시 고린도 교회는 거짓 교사들이 있었습니다. 바울은 고린도 교인들에게 "말씀으로 심령을 깨끗하게 하여 지금 여러분의 마음을 채우고 있는 거짓 교사들의 왜곡된 복음, 세속적인 생각, 거짓 선동의 말들을 제거하라"고 호소하고 있습니다.

세상 상식과 인본주의적 사고로 채워진 마음에는 하나님의 말씀이 들어갈 여지도, 영적 부흥의 공간도 없습니다.

5 지금 당신의 마음은 어디에 있습니까? 다시스에 있습니까? 물고기 뱃속입니까? 언덕 위에 앉아서 하나님의 심판을 구경하고 있습니까? 아니면 박넝쿨 그늘에 앉아서 불평하고 있습니까? 자신의 마음에 들지 않는다고 다시스로 가는 속 좁은 마음, 다른 사람이 잘되나 못되나 구경하는 방관자의 마음으로는 하나님의 뜻을 이룰 수가 없습니다. 하나님의 말씀에 불순종하여 다시스로 간 경험이 있는지 돌아보고, 자신과 이웃의 회개와 부흥을 위한 당신의 결심과 실천사항을 나눠보세요.

삶의 열매를 거두며

우리 주님은 우리가 부흥하기를 원하십니다. 그러나 좁은 마음, 회개하지 않는 마음으로는 부흥의 문으로 들어갈 수 없습니다. 당신의 삶이 모든 사람들이 멸망하지 않기를 원하시는 하나님의 심정을 깨닫고, 죄를 방관하지 않으며, 회개를 통해 일상에서도 진정한 부흥을 경험하도록 성령님의 도우심을 구하는 기도를 드립시다.

Lesson 11

네 믿음으로 주님을 놀라시게 하라

마태복음 25:1-13

1 그 때에 천국은 마치 등을 들고 신랑을 맞으러 나간 열 처녀와 같다 하리니
2 그 중의 다섯은 미련하고 다섯은 슬기 있는 자라
3 미련한 자들은 등을 가지되 기름을 가지지 아니하고
4 슬기 있는 자들은 그릇에 기름을 담아 등과 함께 가져갔더니
5 신랑이 더디 오므로 다 졸며 잘새
6 밤중에 소리가 나되 보라 신랑이로다 맞으러 나오라 하매
7 이에 그 처녀들이 다 일어나 등을 준비할새
8 미련한 자들이 슬기 있는 자들에게 이르되 우리 등불이 꺼져가니 너희 기름
을 좀 나눠 달라 하거늘
9 슬기 있는 자들이 대답하여 이르되 우리와 너희가 쓰기에 다 부족할까 하노
니 차라리 파는 자들에게 가서 너희 쓸 것을 사라 하니
10 그들이 사러 간 사이에 신랑이 오므로 준비하였던 자들은 함께 혼인 잔치에
들어가고 문은 닫힌지라
11 그 후에 남은 처녀들이 와서 이르되 주여 주여 우리에게 열어 주소서
12 대답하여 이르되 진실로 너희에게 이르노니 내가 너희를 알지 못하노라 하였
느니라
13 그런즉 깨어 있으라 너희는 그 날과 그 때를 알지 못하느니라

마음의 문을 열며

오늘날 성도와 교회를 위기로 몰아가는 것은 '세속적 복음주의'입니다. 세속적 복음주의는 겉으로는 신앙의 옷을 입었지만 몸통은 세상의 유행으로 가득한 기독교라고 할 수 있습니다. 세속성이 무서운 것은 영혼의 미각을 세상의 풍속에 길들여 영적으로 둔감하게 하며, 나아가 영혼을 잠들게 하기 때문입니다.

영적으로 잠든 영혼의 표징은 내일도 오늘과 다르지 않을 것이라는 안일함이요(사 56:12), 세상은 내가 원하는 대로 될 것이라고 생각하는 오만함이며(눅 12:19), 주인의 뜻을 알고도 행하지 않는 게으름입니다(눅 12:47).

말씀을 통해 세속성의 유혹과 위협에 취해 있는 영혼을 일깨우고, 내 속에 있는 영적 안일함과 오만함과 게으름을 대적하며, 어느 때나 진실된 마음으로 신랑되신 주님을 맞이하는 지혜로운 신부의 깨어있는 신앙을 내 것으로 삼는 시간이 되기를 바랍니다.

말씀의 씨를 뿌리며

1 예수님께서는 천국을 등을 들고 신랑을 맞으러 나간 열 처녀에 비유하면서, 그 중의 다섯은 미련하고 다섯은 슬기 있는 자라고 표현하고 있습니다. 미련한 다섯 처녀에 대해서 성경은 어떻게 표현하고 있습니까?

- 3절

- 8절

- 11절

2 미련한 다섯 처녀와 슬기 있는 다섯 처녀에게는 많은 공통점이 있습니다. 열 처녀 모두 잔치에 초대되었고, 등을 들고 신랑을 기다렸으며, 모두 함께 신랑이 도착했다는 소식을 들었습니다. 그런데 신랑을 맞으러 나갈 때 미련한 처녀들에게는 기름이 없었고 기름을 얻으려 했지만 그럴 수 없었습니다. 이 이야기를 믿음의 관점에서 살펴보고, 우리가 단독자로서 하나님 앞에 선다는 것이 어떤 의미인지 말해보세요.

- 로마서 14:12

- 고린도후서 5:10

3 신부에게 가장 중요한 것은 신랑을 잘 맞이하는 것입니다. 그런데 여기서 초점은 신부가 중요하게 생각하는 것이 아니라 신랑 되신 예수님께서 중요하게 생각하시는 것에 있습니다. 예수님께서 중요하게 여기신 것은 무엇입니까? 예수님의 공생애 사역에서 예수님을 놀라시게 했던 것들을 생각하면서 대답해보세요.

- 마태복음 15:28

- 누가복음 7:9

4 다음 글을 읽고, 믿음은 누구도 대신할 수 없으며 우리는 모두 각자 단독자로서 하나님의 심판대에 서야 한다는 것을 묵상해보세요.

> 성경에 보면 예수님께서 반복해서 말씀하신 문장이 있습니다. 마태복음 9장에서 열두 해를 혈루증으로 고통당한 여인에게 하신 말씀이요, 마가복음 10장에서 맹인 바디매오에게 하신 말씀이며, 누가복음 7장에서 예수님의 발에 향유를 부은 여인에게 하신 말씀이요, 누가복음 17장에서 나병환자였던 사마리아인에게 하신 말씀입니다. "네 믿음이 너를 구원하였느니라."
>
> 이들을 구원한 것은 부모 형제나 친구의 믿음 때문이 아니라, 자신들의 간절한 믿음, 담대한 믿음, 포기하지 않는 믿음 때문이었습니다. 이처럼 믿음은 누가 가져줄 수도, 대신할 수도 없는 것입니다. 그래서 예수님은 다른 이들의 믿음이 아닌, 바로 "네 믿음이 너를 구원하였다"라고 말씀하신 것입니다. 이 말씀이 주는 교훈은 우리의 신앙, 믿음은 누구도 대신할 수 없다는 것입니다.

5 때가 되면 우리의 믿음은 실체를 드러낼 것입니다. 사람들에게는 인정받았다 하더라도 심판대에서 예수님께는 인정받지 못하고 외면당하는 믿음이라면 참으로 불행한 일이 아닐 수 없습니다. 지금 당신의 믿음은 기름이 준비된 등인지 돌아보고, 주님께 인정받는 믿음으로 살기 위한 당신의 각오와 결심을 나눠보세요.

삶의 열매를 거두며

우리의 믿음은 누구도 대신할 수 없으며, 우리는 모두 단독자로서 예수님의 심판대에 서야 합니다. 중요한 것은 신랑 되시는 예수님께서 칭찬하는 믿음입니다. 우리의 믿음이 세속적 복음주의의 껍질을 깨고 순전하고 준비된 믿음이 될 수 있도록 성령님의 도우심을 구하는 기도를 드립시다.

Lesson
12

기도하는 자는 낙심하지 않는다

누가복음 18:1-8

1 예수께서 그들에게 항상 기도하고 낙심하지 말아야 할 것을 비유로 말씀하여
2 이르시되 어떤 도시에 하나님을 두려워하지 않고 사람을 무시하는 한 재판장
이 있는데
3 그 도시에 한 과부가 있어 자주 그에게 가서 내 원수에 대한 나의 원한을 풀
어 주소서 하되
4 그가 얼마 동안 듣지 아니하다가 후에 속으로 생각하되 내가 하나님을 두려
워하지 않고 사람을 무시하나
5 이 과부가 나를 번거롭게 하니 내가 그 원한을 풀어 주리라 그렇지 않으면 늘
와서 나를 괴롭게 하리라 하였느니라
6 주께서 또 이르시되 불의한 재판장이 말한 것을 들으라
7 하물며 하나님께서 그 밤낮 부르짖는 택하신 자들의 원한을 풀어 주지 아니
하시겠느냐 그들에게 오래 참으시겠느냐
8 내가 너희에게 이르노니 속히 그 원한을 풀어 주시리라 그러나 인자가 올 때
에 세상에서 믿음을 보겠느냐 하시니라

마음의 문을 열며

“여인에게서 난 사람은 생애가 짧고 걱정이 가득하며”(욥 14:1). 아무리 의술이 발달한 시대라 해도 인생은 100세를 넘기기 어렵고, 그 100년의 시간은 걱정으로 가득합니다. 주변을 돌아보면 삶의 치열함 속에서 온갖 염려와 걱정이 넘쳐납니다.

그러나 예수님을 주님으로 모신 사람에게는 이 모든 어려움과 두려움, 절망적인 상황을 이겨낼 길이 있습니다. 하나님께 모든 문제들을 고하며 인격적인 응답을 받는 기도의 길입니다.

오늘 말씀 속에서 인생의 문제를 해결하는 믿음의 기도, 낙심하지 않는 기도를 배움으로, 일평생의 복이 될 응답받는 기도를 몸에 새기는 시간이 되기를 바랍니다.

말씀의 씨를 뿌리며

1 예수님께서 항상 기도하고 낙심하지 말아야 할 것을 가르치시기 위해 억울한 과부 비유를 말씀하십니다. 과부는 자신의 억울함을 어떻게 해결하는지, 재판장이 과부의 원한을 풀어주기로 결심한 이유는 무엇인지 찾아보세요.

• 2-5 절

2 불의한 재판장이 과부의 소리에 귀를 기울인 것은 과부의 안타까운 사연에 마음이 열렸기 때문이 아니라 그녀의 번거로운 호소로 인한 괴로움을 피하기 위해서였습니다. 예수님께서 이 비유를 통해 말씀하신 응답받는 기도의 비결은 무엇이며, 이것을 믿음과 연관시키신 이유를 생각해보세요.

• 7-8절

3 하나님은 밤낮 부르짖는 자녀를 결코 외면하지 않으십니다. 그러므로 과부의 끈질긴 호소처럼 낙심하지 않고 쉬지 않는 기도, 지속적으로 두드리는 기도는 한 순간이 아니라 우리의 습관과 체질이 되어야 합니다. 그렇다면 이미 우리의 문제를 알고 계시는 하나님께 우리가 쉬지 않고 기도해야 하는 이유는 무엇인지 찾아보고 당신의 생각을 말해보세요.

- 예레미야 33:3

- 요한복음 15:7

4 다음 글을 읽고, 꾸준한 기도가 거룩한 습관이 되면 기도하는 것이 의무나 부담이 아니라 영적 자유함이 되어 내 삶 자체가 기도가 된다는 사실을 묵상해보세요.

우리 몸이 꾸준한 기도를 통해 거룩한 습관들로 통합되는 역사가 일어나면 무슨 일이 일어나게 됩니까? 우리의 몸과 마음이 세상의 중력이 아닌 기도의 중력에 의해 움직이게 됩니다. 이것은 우리의 몸과 마음이 세상의 중력장의 지배를 받아 움직이는 것이 아니라, 우리의 심령이 은혜의 중력장으로 움직이는 것을 의미합니다.

기도를 통해 하나님과 깊은 관계를 가지고 체질이 바뀌게 되면 세상의 급박한 소리, 유혹적인 속삭임에 반응하기보다 하나님이 기뻐하시는 신앙적인 것에 가슴이 뛰게 됩니다. 기도가 체질이 되고 영적 자유함을 누리고 있다는 것을 어떻게 알 수 있을까요? 인생에서 마주하는 문제가 무엇이든 그것이 오히려 감사가 된다면 내 삶 자체가 기도가 되는 신호입니다.

5 여리고 도상 같은 인생길에서 기도는 성도의 특권이자 의무입니다. 우리는 기도를 통해 하나님의 뜻을 깨닫습니다. 기도는 하나님과 인격적인 관계가 깊어지게 하는 가장 강력한 수단입니다. 하지만 이 모든 사실을 잘 알면서도 지속적으로 기도하지 못하는 이유를 생각해보고, 지속적인 기도, 부르짖는 기도가 당신의 거룩한 습관과 체질이 되기 위한 당신의 결심을 나눠보세요(참고. 골 4:2).

삶의 열매를 거두며

효도의 기본은 부모님의 얼굴을 자주 뵙는 것입니다. 이런 점에서 기도는 하나님의 자녀로서 하나님의 얼굴을 찾는(시 27:8), 성도가 마땅히 드릴 거룩한 효도라고 할 수 있습니다. 삶이 어려울수록, 낙심되는 상황에서조차 더욱 감사함으로 깨어서 믿음으로 하나님의 얼굴을 찾는 거룩한 효도를 다할 수 있도록 성령님의 도우심을 구하는 기도를 드립시다.

Lesson 13

지혜 없는 빛의 자녀들

누가복음 16:1-8

1 또한 제자들에게 이르시되 어떤 부자에게 청지기가 있는데 그가 주인의 소유
를 낭비한다는 말이 그 주인에게 들린지라
2 주인이 그를 불러 이르되 내가 네게 대하여 들은 이 말이 어찌 됨이냐 네가
보던 일을 셈하라 청지기 직무를 계속하지 못하리라 하니
3 청지기가 속으로 이르되 주인이 내 직분을 빼앗으니 내가 무엇을 할까 땅을
파자니 힘이 없고 빌어 먹자니 부끄럽구나
4 내가 할 일을 알았도다 이렇게 하면 직분을 빼앗긴 후에 사람들이 나를 자기
집으로 영접하리라 하고
5 주인에게 빚진 자를 일일이 불러다가 먼저 온 자에게 이르되 네가 내 주인에
게 얼마나 빚졌느냐
6 말하되 기름 백 말이니이다 이르되 여기 네 증서를 가지고 빨리 앉아 오십이
라 쓰라 하고
7 또 다른 이에게 이르되 너는 얼마나 빚졌느냐 이르되 밀 백 석이니이다 이르
되 여기 네 증서를 가지고 팔십이라 쓰라 하였는지라
8 주인이 이 옳지 않은 청지기가 일을 지혜 있게 하였으므로 칭찬하였으니 이
세대의 아들들이 자기 시대에 있어서는 빛의 아들들보다 더 지혜로움이니라

마음의 문을 열며

재물과 영성은 깊이 연결되어 있습니다. 이렇게 말하면 '재물만큼 세속적인 것이 없는데, 어떻게 재물과 영성이 연결되어 있다고 말하는가'라고 생각할 수 있습니다. 그러나 재물의 주인은 하나님이십니다(시 24:1). 그렇기에 '돈 사용은 예배 행위'라고 말할 정도로 재물과 영성은 분리될 수 없습니다.

오늘 말씀 속에서 재물에 대한 하늘의 지혜를 깨달음으로, 믿지 않는 사람들보다 재물을 더 지혜롭게 소유하고 더 현명하게 사용하는 법을 배우는 시간이 되기를 바랍니다.

말씀의 씨를 뿌리며

1 주인의 소유를 낭비한 이유로 주인의 재산을 더 이상 관리할 수 없게 된 청지기가 한 일은 무엇입니까?

- 5-7절

2 주인의 재산으로 채무자들의 빚을 탕감한 불의한 청지기를 두고 예수님께서는 "이 세대의 아들들이 빛의 아들들보다 더 지혜롭다"고 말씀하셨습니다. 이 말씀에 대해 생각해보고, 그 이유를 당신의 말로 풀어서 말해보세요.

- 8절

3 예수님께서 불의한 청지기를 칭찬하신 것에는 "세상의 자녀들도 돈을 자신의 미래를 위해 실용적이고 지혜롭게 사용할 줄 안다면, 하나님의 자녀들은 자신에게 맡겨진 돈과 시간을 더욱 지혜롭게 열정적으로 사용해야 한다"라는 뜻을 담고 있습니다. 예를 들어, "자녀를 학원에 보내는 열심만큼 돈과 시간을 자녀의 신앙교육에 투자하고 있는가?"라고 묻는다면 당신은 어떻게 대답하겠습니까?(참고. 딤전 6:17-19)

4 다음 글을 읽고, 돈과 영성은 깊이 연결되어 있으며, 돈을 영적으로 가치 있게 쓰는 것만이 내 것이 된다는 사실을 묵상해보세요.

> 예수님께서는 공생애 기간 동안 하나님 나라에 대한 것을 제외하고는 다른 어떤 주제보다 더 자주 돈에 대해서 말씀하셨습니다. 성경에서 돈에 대한 이야기를 하는 것은, 돈 문제를 말하지 않고서는 온전한 복음을 전할 수 없을 만큼 돈이 영성과 깊은 관련이 있음을 보여줍니다. 마가복음 12장 41절 이하를 보면 예수님은 사람들이 헌금을 하는 것을 보고 즉, 사람들이 돈을 어떻게 사용하는지를 통해 그들의 영적인 상태를 분별하셨습니다.
>
> 돈을 영적으로 가치 있게 쓰는 순간은 나를 지배하려는 어둠의 세력들에 대해 승리하는 순간입니다. 하나님을 삶의 최우선 순위로 두는 사람만이 돈의 중독에서 자유할 수 있으며, 재물로 하나님을 예배하는 자리에 설 수 있습니다.

5 우리가 돈의 궤도를 따라 도는 것이 아니라 돈이 하나님이 원하시는 복음의 궤도, 섬김과 베풂의 궤도를 돌 때 돈의 목적을 이룰 수 있습니다. 지금 당신의 돈은 복음과 섬김, 베풂의 영역에서 제대로 사용되고 있습니까? 이를 방해하는 것이 있다면 무엇입니까? 자신이 가진 돈이 복음과 섬김을 위해 쓰여질 수 있도록 당신의 결심과 실천사항을 서로 나눠보세요.

삶의 열매를 거두며

"돈을 '베풂으로 내어주는 순간'은 우리를 억누르는 어두운 세력들에 대해 승리하는 시간이다." 이처럼 재물은 영적으로 가치 있게 사용한 것만이 진정으로 내 것이 될 수 있습니다. "보물을 하늘에 쌓아 두라"(마 6:20)는 말씀처럼, 돈의 중력에서 벗어나 재물을 통해서도 하나님을 예배하는 자리에 설 수 있도록 성령님의 도우심을 구하는 기도를 드립시다.

Lesson
14

재정에 대한 새판짜기

누가복음 16:9-13

9 내가 너희에게 말하노니 불의의 재물로 친구를 사귀라 그리하면 그 재물이
없어질 때에 그들이 너희를 영주할 처소로 영접하리라
10 지극히 작은 것에 충성된 자는 큰 것에도 충성되고 지극히 작은 것에 불의한
자는 큰 것에도 불의하니라
11 너희가 만일 불의한 재물에도 충성하지 아니하면 누가 참된 것으로 너희에게
맡기겠느냐
12 너희가 만일 남의 것에 충성하지 아니하면 누가 너희의 것을 너희에게 주겠
느냐
13 집 하인이 두 주인을 섬길 수 없나니 혹 이를 미워하고 저를 사랑하거나 혹
이를 중히 여기고 저를 경히 여길 것임이니라 너희는 하나님과 재물을 겸하
여 섬길 수 없느니라

마음의 문을 열며

세상 사람들이 한결같이 갖는 꿈이 있습니다. 많은 돈을 벌어 돈에서 자유로운 삶을 사는 것입니다. 재물이 우리 삶을 어느 정도 여유롭게 하는 것은 사실입니다. 그러나 어리석은 부자가 보여주듯이 많은 재물이 영혼의 자유함을 주는 것은 결코 아닙니다.

우리가 돈에 대해서 자유할 수 있는 유일한 길은 재물의 소유권이 하나님께 있음을 인정하고 올바르게 사용할 때 시작됩니다.

오늘 말씀 속에서 돈에 대한 성경적 재정 원칙을 배우게 될 것입니다. 이를 통해 우리의 삶을 진정으로 살찌우고, 돈에 대한 끝없는 갈증에서 해갈되며, 하늘의 참된 복을 쌓는 것에 눈을 뜨는 시간이 되기를 바랍니다.

말씀의 씨를 뿌리며

1 재정 사용의 첫 번째 원칙은 '재물을 영원을 준비하는 연결고리로 삼는 것'입니다. 그런데 이를 위해서는 본문에 반복적으로 나타나는 어구인 "불의한 재물"에 대한 바른 이해가 필요합니다. 현대인의성경은 "세상의 재물"이라고 표현하고 있습니다. 이를 바탕으로 9절을 재정 사용의 첫 번째 원칙의 관점에서 당신의 말로 풀어서 말해보세요.

- 9절

2 재정 사용의 두 번째 원칙은 '자신의 묘비에 재물 사용에 관해서 기록된다면 어떤 표현으로 기록될지 생각해보는 것'입니다. 예를 들면 "물질에 지혜로운 청지기였던 OOO" 혹은 "돈을 소유하다가 돈에 다스림 받으며 살았던 OOO"입니다. 당신이 원하는 묘비명과 당신의 현실 사이에 괴리는 없는지 이야기해보세요.

- 10절

- 디모데전서 6:17-19

3 재정 사용의 세 번째 원칙은 '작은 일에 충성하면 하나님은 더 큰 것을 맡기신다는 것'입니다(11절). 이 원칙은 어느 정도 신앙의 연륜이 있으면 다 아는 진리입니다. 그렇다면 우리가 이 진리를 알면서도 작은 일에 충성하지 못하는 이유는 무엇인지 다음의 예를 생각하면서 대답해보세요.

- 다윗의 물맷돌(삼상 17:49)

- 작은 조각구름(왕상 18:44)

- 겨자씨(마 13:31)

- 오병이어(요 6:9)

4 물질을 영원을 위한 고리로 삼는다는 말은 물질을 사용해서 다른 영혼을 주님께로 데려오는 것을 의미합니다. 다음 글을 읽고, 이에 대해 묵상해보세요.

랜디 알콘은 《부자 그리스도인》이라는 책에서 이집트 카이로에서의 잊을 수 없는 경험을 소개하고 있습니다. 여행 가이드는 알콘 가족을 두 군데 무덤으로 인도하였습니다. 먼저 간 곳은 미국 선교사 묘지였는데, 그곳에서 윌리엄 보덴(1887-1913)의 묘비 앞으로 인도하였습니다. 보덴은 예일 대학을 졸업했고 부모로부터 많은 유산을 상속받았습니다. 그러나 그는 안정되고 편안한 삶을 거부하고 자신의 전 재산을 이슬람 사람들의 영혼을 주님께로 데려오는 데 사용했습니다. 보덴은 이집트에서 겨우 넉 달 동안 열정적으로 사역을 하고 척수뇌막염에 걸려서 세상을 떠났습니다. 그때 그의 나이 스물다섯이었습니다.

그리고 가이드는 알콘 가족을 보덴의 묘에서 곧장 이집트 국립박물관의 투탕카멘 왕의 전시품이 있는 곳으로 데려갔습니다. 17세로 죽은 투탕카멘 왕은 수많은 황금 유물과 함께 묻혔습니다. 나중에 그의 무덤에서는 황금 마차와 금으로 된 수많은 유물이 발견되었습니다. 이집트인은 사후세계를 믿었기 때문에 엄청난 보물을 투탕카멘 왕의 주검 곁에 두었습니다.

당신 앞에 보덴의 삶으로 향하는 길과 투탕카멘의 삶으로 향하는 길이 있다면, 당신은 과연 어떤 길을 선택하겠습니까?

5 바른 재정 원칙을 가지고 물질에 대한 새판짜기를 하면 무엇보다도 물질에 하나님의 은혜가 임하게 됩니다(고후 8:4, 6). 당신의 삶에서 재물이 은혜가 되었던 적이 있습니까? 당신의 재물에 하나님의 은혜가 임하도록 하기 위한 당신의 결심과 실천사항을 나눠보세요.

삶의 열매를 거두며

우리는 부자가 되기를 소원합니다. 그런데 성경적 부자관으로 볼 때 진짜 부자는 많은 영혼을 하나님께 인도한 자입니다. 일평생 가운데 한 영혼도 주님께 인도하지 못한 사람은 천하를 소유했다 해도 실상은 하나님께 벌거벗은 자일 뿐입니다. 우리가 물질을 영원을 위한 고리로, 생명을 인도하는 거룩한 도구로, 하나님의 은혜가 임하는 복의 통로로 사용할 수 있도록 성령님의 도우심을 구하는 기도를 드립시다.

Lesson

15

재물 사용권을 위한 매뉴얼

누가복음 16:14-18

14 바리새인들은 돈을 좋아하는 자들이라 이 모든 것을 듣고 비웃거늘
15 예수께서 이르시되 너희는 사람 앞에서 스스로 옳다 하는 자들이나 너희 마
음을 하나님께서 아시나니 사람 중에 높임을 받는 그것은 하나님 앞에 미움
을 받는 것이니라
16 율법과 선지자는 요한의 때까지요 그 후부터는 하나님 나라의 복음이 전파
되어 사람마다 그리로 침입하느니라
17 그러나 율법의 한 획이 떨어짐보다 천지가 없어짐이 쉬우리라
18 무릇 자기 아내를 버리고 다른 데 장가 드는 자도 간음함이요 무릇 버림당한
여자에게 장가드는 자도 간음함이니라

마음의 문을 열며

"당신은 하나님을 사랑하는가?" 이 질문에 교인들은 주저 없이 그렇다고 대답합니다. 그런데 "진정으로 당신은 돈보다 하나님을 더 사랑하는가?"라는 질문에 답을 하기에는 내면의 주저함이 있습니다. 우리가 이 질문에 확실하게 대답하기 위해서는 먼저 우리 속에 있는 바리새적인 의를 걷어내야 합니다.

많은 사람들이 헌금을 나의 희생을 하나님께 드리는 것으로 생각합니다. 나의 드림을 통해서 하나님이 유익을 얻는 것으로 여깁니다. 이러한 생각이 우리의 헌금생활을 가볍게 만들고 기쁨이 상실된 의무로 전락시킵니다.

오늘 말씀을 통해 재물 사용에서 영적으로 180도 거듭난 사고(思考)의 전환을 경험함으로, '하나님께 드리는 우리의 드림'이 참된 기쁨과 감사, 설렘이 되는 영적 각성의 시간이 되기를 바랍니다.

말씀의 씨를 뿌리며

1 예수님은 불의한 청지기 비유를 통해 재물을 어떻게 사용해야 하는지를 가르치셨습니다. "하나님과 재물을 겸하여 섬길 수 없다"라는 예수님의 말씀에 대해서 바리새인들이 보인 태도와 그런 반응을 보인 이유는 무엇입니까?

- 14절

2 바리새인들은 돈을 사랑했지만 겉으로는 그렇지 않은 것처럼 행동했고, 나아가 자신들만 하나님께 인정 받는 자로 여기며 자기 의에 사로잡혀 있었습니다. 예수님은 바리새인의 이러한 위선을 꾸짖으시며 율법의 수호자로 자처하는 그들의 생각을 완전히 깨뜨리셨습니다. 16절 말씀이 의미하는 바는 무엇입니까?(참고. 갈 3:24-25)

- 16절

3 우리 속에 있는 바리새적인 속성을 극복하는 첫걸음은, 우리가 청지기로 섬길 수 있는 시간이 제한되어 있음을 인지하고, 믿음의 모험에 재물을 투자하는 것입니다. 이는 보물을 하늘에 쌓는 것을 의미합니다(마 6:20). 그렇다면 우리가 믿음의 투자를 하는 것은 누구를 위한 것입니까? 믿음의 투자에서 나타나는 세상 법칙을 뛰어넘는 하늘의 법칙은 무엇인지 말해보세요(참고. 잠 11:25).

- 누가복음 6:38

4 우리가 청지기 의식을 가지고 재물을 하나님 나라를 위해 사용하기 위해서는 우리 속의 바리새적인 속성을 제거해야 합니다. 다음 글을 읽고, 그 이유를 하나님의 통치와 관련하여 묵상해보세요.

> 리플리 증후군은 허구의 세계를 설정하고 그것을 진실이라고 믿는 증상을 말합니다. 자기 의에 사로잡힌 사람은 자기가 정한 세계 속에서 자신이 생각한 것을 참이라고 믿으며 다른 사람을 비판하고 사는 사람들입니다. 예수님을 오래 믿은 사람들 중에 적지 않은 사람이 이러한 영적 리플리 증후군을 앓고 있습니다.
>
> 어떤 사람이 토레이 박사에게 이렇게 물었습니다. "나는 기독교인이 아닙니다. 그러나 나는 도덕적이고 정직합니다. 그런데도 당신이 나를 적대하는 이유를 알고 싶습니다." 그때 토레이 박사는 이렇게 대답했습니다. "선생님, 그 이유는 간단합니다. 당신이 지금 하늘에 계신 왕에게 대항하고 있기 때문입니다."
>
> 자기 의는 하나님의 주권, 하나님의 은혜를 대적하고 결국은 하나님이 왕으로서 우리를 통치하시는 것을 반역하기 때문에, 우리는 자기 의의 바이러스가 우리 속에 침투하지 않도록 결사적으로 애써야 합니다.

5 우리가 재정 문제를 통과하기 위해서는 엘림의 축복을 볼 수 있어야 합니다(출 15:22-27). 지금 당신은 마라의 삶에 갇혀 엘림을 보지 못한 채 불평하고 있지는 않습니까? 마라의 상황에서도 엘림의 축복을 경험하기 위한 당신의 결심과 실천사항을 나눠보세요.

삶의 열매를 거두며

우리는 몇 주 연속으로 온전한 제자의 재정 원칙을 다루고 배웠습니다. "소유주는 하나님이시고 나는 사용자이다." "물질을 영원을 준비하는 고리로 사용해야 한다." "작은 것에 충성할 때 큰 권능의 문을 열어주신다." "바른 재정 사용을 위해서 내 안에 바리새적 자기 의를 처리해야 한다." "나의 소유를 통해 풍성한 결실을 하기 위해서는 믿음의 모험을 위해 투자해야 한다." "하나님 나라를 위한 물질적 헌신은 사실 '나 자신'을 위한 것이다."

우리가 이러한 원칙으로 재정의 새판짜기를 함으로 일평생 하나님께 쓰임받는 자로, 재물에서 자유함을 누리는 그리스도인으로 살아갈 수 있도록 성령님의 도우심을 구하는 기도를 드립시다.

Lesson
16

천국과 지옥

누가복음 16:19-31

19 한 부자가 있어 자색 옷과 고운 베옷을 입고 날마다 호화롭게 즐기더라
20 그런데 나사로라 이름하는 한 거지가 헌데 투성이로 그의 대문 앞에 버려진 채
21 그 부자의 상에서 떨어지는 것으로 배불리려 하매 심지어 개들이 와서 그 헌
데를 핥더라
22 이에 그 거지가 죽어 천사들에게 받들려 아브라함의 품에 들어가고 부자도
죽어 장사되매
23 그가 음부에서 고통중에 눈을 들어 멀리 아브라함과 그의 품에 있는 나사로
를 보고
24 불러 이르되 아버지 아브라함이여 나를 긍휼히 여기사 나사로를 보내어 그
손가락 끝에 물을 찍어 내 혀를 서늘하게 하소서 내가 이 불꽃 가운데서 괴
로워하나이다
25 아브라함이 이르되 얘 너는 살았을 때에 좋은 것을 받았고 나사로는 고난을
받았으니 이것을 기억하라 이제 그는 여기서 위로를 받고 너는 괴로움을 받
느니라
26 그뿐 아니라 너희와 우리 사이에 큰 구렁텅이가 놓여 있어 여기서 너희에게
건너가고자 하되 갈 수 없고 거기서 우리에게 건너올 수도 없게 하였느니라
27 이르되 그러면 아버지여 구하노니 나사로를 내 아버지의 집에 보내소서
28 내 형제 다섯이 있으니 그들에게 증언하게 하여 그들로 이 고통 받는 곳에
오지 않게 하소서

29 아브라함이 이르되 그들에게 모세와 선지자들이 있으니 그들에게 들을지니라
30 이르되 그렇지 아니하니이다 아버지 아브라함이여 만일 죽은 자에게서 그들
에게 가는 자가 있으면 회개하리이다
31 이르되 모세와 선지자들에게 듣지 아니하면 비록 죽은 자 가운데서 살아나
는 자가 있을지라도 권함을 받지 아니하리라 하였다 하시니라

마음의 문을 열며

오늘날 '심판과 지옥'이라는 주제는 교회의 강단에서 사라지는 '잊혀진 교리, 희미해진 가르침'이 되고 있습니다. 사실 험한 세상살이에서 상처받은 심령이 주일 예배에서 따뜻한 위로를 원하는 것은 당연할지 모릅니다. 그러나 참된 위로는 참된 진리로부터 옵니다.

"죽음의 커튼 뒤로 들어선 1분 뒤에 우리는 우리를 두 팔 벌려 환영하시는 예수님을 만나든지, 아니면 세상에서는 결코 알지 못했던 어둠을 처음으로 보게 될 것입니다. 이 두 극단 사이에 중간은 없으며, 끝없는 기쁨과 끝없는 슬픔, 둘 중 하나입니다."

오늘 말씀 속에서 사람이 죽으면 회색지대 없이 천국 아니면 지옥에 간다는 사실을 살아있는 진리로 심비(心碑)에 각인함으로, 하루하루를 영원한 천국을 열렬히 준비하고 간절히 소망하며 살기로 결심하는 시간이 되기를 바랍니다.

말씀의 씨를 뿌리며

1 부자와 나사로가 세상에 있을 때를 살펴보고, 죽음 이후에 이들의 모습을 통해 성경이 가르치는 천국과 지옥을 말해보세요.

- 19-24절

2 예수님이 말씀하신 부자와 나사로 비유가 중요한 이유는, 모든 인생의 죽음 이후의 목적지를 너무도 명확하고 분명하게 이야기하고 있기 때문입니다. 지옥불 속에 있던 부자가 아브라함에게 요청한 것은 무엇이며, 이에 대해 아브라함은 어떻게 대답합니까?

- 24, 27-31절

3 우리가 천국과 지옥의 존재를 믿는 것은 성경이 그렇게 말씀하기 때문입니다. 다음 구절들을 통해 당신이 이해하는 천국과 지옥을 이야기해 보세요.

- 다니엘 12:2

- 마가복음 9:47-48

4 다음 글을 읽고, 오늘날 현대인들이 천국과 지옥을 불신하는 현상에 대해서 묵상해보세요.

> 신학 주제 중에서 지옥에 관한 교리만큼 민감한 주제도 없을 것입니다. 세상 사람들에게 지옥 교리만큼 혐오스러운 교리가 또 있을까요? 자유주의 신학자들은 지옥 교리를 신화적인 세계관으로 간주하여 완전히 배제해버리는 경향이 있습니다. 지옥이라는 개념은 하나님의 사랑과는 전혀 맞지 않는다고 생각하기 때문입니다. "하나님이 정말로 사랑이 많으신 분이라면 어떻게 사람들에게 징벌의 분노를 쏟으며, 사람들을 영원한 형벌의 장소인 지옥으로 보낼 수 있겠는가? 하나님의 자비가 그처럼 큰데도 왜 지옥은 존재하는가?" 믿지 않는 사람들은 물론이요 아

마도 믿는 사람들조차도 이런 주장에 귀 기울이는 사람이 많을 것입니다.

그러나 성경은 너무도 분명하게 "죄의 삯은 사망이요"라고 말씀하고 있습니다. 지옥은 하나님의 공의와 선하심을 드러내는 가장 확실한 증거입니다.

5 천국은 하나님의 생명책에 이름이 기록된 사람들이 가는 곳입니다. 우리의 이름을 하나님의 생명책에 기록하게 하는 근거는 무엇입니까? 하나님의 생명책에 이름이 기록된 자로 살기 위한 당신의 결심과 실천사항을 나눠보세요.

- 요한계시록 21:27

삶의 열매를 거두며

우리는 어떻게 하면 지옥을 피할 수 있을까요? 나사로가 천국에 간 것은 거지였기 때문이 아니라, 그의 가난한 영혼이 하나님의 자비로우심을 간구했기 때문입니다(마 5:3). 천국은 긍휼을 구하는 거지들로 가득한 곳이라고 말할 수 있습니다. 우리가 이 땅에서 영원을 준비하는 '거룩한 거지'로 살 수 있도록 성령님의 도우심을 구하는 기도를 드립시다.

memo

Lesson 17

이웃의 기쁨에 박수치는 인생

마태복음 20:1-16

1 천국은 마치 품꾼을 얻어 포도원에 들여보내려고 이른 아침에 나간 집 주인 과 같으니

2 그가 하루 한 데나리온씩 품꾼들과 약속하여 포도원에 들여보내고

3 또 제삼시에 나가 보니 장터에 놀고 서 있는 사람들이 또 있는지라

4 그들에게 이르되 너희도 포도원에 들어가라 내가 너희에게 상당하게 주리라 하니 그들이 가고

5 제육시와 제구시에 또 나가 그와 같이 하고

6 제십일시에도 나가 보니 서 있는 사람들이 또 있는지라 이르되 너희는 어찌 하여 종일토록 놀고 여기 서 있느냐

7 이르되 우리를 품꾼으로 쓰는 이가 없음이니이다 이르되 너희도 포도원에 들 어가라 하니라

8 저물매 포도원 주인이 청지기에게 이르되 품꾼들을 불러 나중 온 자로부터 시작하여 먼저 온 자까지 삯을 주라 하니

9 제십일시에 온 자들이 와서 한 데나리온씩을 받거늘

10 먼저 온 자들이 와서 더 받을 줄 알았더니 그들도 한 데나리온씩 받은지라

11 받은 후 집 주인을 원망하여 이르되

12 나중 온 이 사람들은 한 시간밖에 일하지 아니하였거늘 그들을 종일 수고하 며 더위를 견딘 우리와 같게 하였나이다

13 주인이 그 중의 한 사람에게 대답하여 이르되 친구여 내가 네게 잘못한 것이
없노라 네가 나와 한 데나리온의 약속을 하지 아니하였느냐
14 네 것이나 가지고 가라 나중 온 이 사람에게 너와 같이 주는 것이 내 뜻이니라
15 내 것을 가지고 내 뜻대로 할 것이 아니냐 내가 선하므로 네가 악하게 보느냐
16 이와 같이 나중 된 자로서 먼저 되고 먼저 된 자로서 나중 되리라

마음의 문을 열며

세상은 공로와 보상의 원리로 작동합니다. 잘한 사람에게는 상을 주고 그렇지 못한 사람에게는 벌을 주는 것이 세상 상식입니다. 이 땅의 사회 시스템은 물론, 모든 학문이나 정치이념, 교육도 이러한 인과법칙, 보상 원리를 기초로 하고 있습니다.

오늘 본문은 이러한 세상의 상식을 깨뜨리는 혁명적인 가르침이요, 기독교의 고유한 진리를 보여주고 있습니다. 예수님께서 말씀하시고, 우리가 세워야 하는 하나님 나라는 공로 의식이 아닌 100퍼센트 은혜 의식으로 움직이는 곳입니다.

오늘 말씀을 통해 우리의 사고를 둘러싸고 있는 세상 법칙의 껍질이 벗겨지고, 우리의 심령이 은혜 의식에 붙들림으로 하나님의 주권이 내 삶 속에 온전히 역사하는 축복의 시간이 되기를 바랍니다.

말씀의 씨를 뿌리며

1 예수님은 천국을 포도원에서 일할 품꾼을 뽑는 주인에 비유하고 있습니다. 주인이 장터에서 품꾼을 데려온 시각은 각각 몇 시입니까?

- 2-7절

2 날이 저물어 품삯을 주는 시간이 되었습니다. 주인이 맨 나중에 온 품꾼에게 한 데나리온을 주었을 때, 먼저 와서 일한 자들의 생각은 어떠했으며, 이들의 주장에 대해 주인은 무엇이라고 대답합니까?

- 10-11절

- 13-14절

3 예수님은 포도원 비유를 통해 하나님 나라는 공로 의식이 아닌 은혜 의식으로 세워진다고 말씀하십니다. 하나님 나라에서는 왜 세상이 주장하는 자기 의에 기초한 보상 원리가 설 자리가 없는지 그 이유를 찾아보고, 당신의 생각을 이야기해보세요(참고. 출 33:19).

- 마태복음 19:30

- 로마서 9:20-21

4 다음 글을 읽고, 이른 아침, 삼시, 육시, 구시, 십일시에 부름받은 것의 의미에 대해 묵상해보세요.

이른 아침에 부름받은 사람 : 이 사람은 유아기, 소년기에 부르심을 받은 사람입니다. 이들은 어린 나이에 부름받은 자인데, 다른 사람들보다 더 많은 시간을 주님을 위해 사용할 수 있는 축복을 받은 사람입니다.

제삼시에 부름받은 사람 : 아마도 이 시간은 청년기를 의미할 것입니다. 비록 이른 아침에 주님과 함께 먹는 환희는 경험할 수 없지만, 힘과 열정으로 주님을 섬길 수 있습니다.

제육시에 부름받은 사람 : 정오에 해당되는 때로 인생의 중년기를 말합니다. 더 열심히 섬겨야 하고 두 배로 부지런히 하늘을 향해 전진해야 합니다.

제구시에 부름받은 사람 : 오늘날로 말하면 오후 3시입니다. 인생의 장년기에서 노년기를 향하는 때입니다. 태양이 지고 있지만, 아직 산 너머로 떨어지지는 않았습니다. 문이 닫히기 전에 정말 힘을 다해 더 빨리, 긴박하게 뛰어야 합니다.

제십일시에 부름받은 사람 : 오후 다섯 시는 인생의 모든 일이 끝나는 시기입니다. 이 시기는 인생의 해가 져가는, 어쩌면 죽음을 앞둔 시기라고 할 수 있습니다. 이제 머지않아 멈출 인생의 시계를 들여다보는 때라고 할 수 있습니다.

5 공로 의식이 십자가의 대속과 구원의 은혜를 무력화시킨다면, 비교 의식은 공동체의 하나됨을 깨뜨리는 주범입니다. 여기에는 사탄의 치밀한 궤계가 숨겨져 있습니다. 공로 의식을 치료하는 것이 은혜 의식이라면, 비교 의식을 치료하는 것은 무엇일까요? 공로 의식에 취하지 않고 공동체를 건강하게 세우기 위한 당신의 결심과 실천사항을 나눠보세요.

- 고린도전서 12:27

삶의 열매를 거두며

이른 아침부터 일한 사람은 오후 다섯 시에 나온 사람보다 몇 배의 일을 한 사람입니다. 공로 의식을 가진 자는 더 많이 수고하고 땀 흘린 것에 대해서 불평하지만, 은혜 의식을 가진 자는 하나님께 자신을 더 많이 드릴 수가 있었고, 하나님의 영광을 위해 더 많이 섬길 수 있었다는 사실에 감사합니다. 스펄전의 표현대로 "이들은 정말 복을 세 배나 더 받은 사람입니다." 세상이 우리를 아무리 충동질해도, 우리는 하나님께서 내게 주신 은혜를 어떻게 보답할까(시 116:12) 하는 은혜 의식으로 충만할 수 있도록 성령님의 도우심을 구하는 기도를 드립시다.

Lesson
18

믿음의 혈관에 무엇이 흐르는가?

누가복음 17:5-10

5 사도들이 주께 여짜오되 우리에게 믿음을 더하소서 하니
6 주께서 이르시되 너희에게 겨자씨 한 알만한 믿음이 있었더라면 이 뽕나무
더러 뿌리가 뽑혀 바다에 심기어라 하였을 것이요 그것이 너희에게 순종하
였으리라
7 너희 중 누구에게 밭을 갈거나 양을 치거나 하는 종이 있어 밭에서 돌아오면
그더러 곧 와 앉아서 먹으라 말할 자가 있느냐
8 도리어 그더러 내 먹을 것을 준비하고 띠를 띠고 내가 먹고 마시는 동안에
수종들고 너는 그 후에 먹고 마시라 하지 않겠느냐
9 명한 대로 하였다고 종에게 감사하겠느냐
10 이와 같이 너희도 명령 받은 것을 다 행한 후에 이르기를 우리는 무익한 종
이라 우리가 하여야 할 일을 한 것뿐이라 할지니라

마음의 문을 열며

하나님 나라를 세우는 두 기둥이 은혜 의식과 지체 의식이라면, 우리 각 사람을 하나님 앞에 세우는 것은 '나는 무익한 종이라'는 종 된 의식입니다. 으뜸이 되는 것을 당연시하는 세상에서, 종 된 의식을 갖는다는 것은 시류(時流)에 맞지 않는 것처럼 보입니다.

그리스도인은 하나님께만이 아니라 형제에 대해서도 섬김의 도를 다하는 종의 자세를 가져야 합니다(고후 4:5). 이것이 우리 믿음의 본질입니다.

오늘 말씀 속에서 참된 믿음의 혈관에 무엇이 흐르는지를 보게 될 것입니다. 믿음의 본질은 기적이나 열망이 아니라 섬김이며, 섬김은 의지나 힘이 아닌 하나님의 사랑을 깨닫는 자만 가질 수 있는 거룩한 본능입니다. 종으로서의 섬김을 몸에 체질화함으로 일평생 지치지 않는 신앙 동력을 심령에 장착하는 시간이 되기를 바랍니다.

말씀의 씨를 뿌리며

1 예수님께서 형제를 제한 없이 용서하라고 가르치셨을 때, 제자들의 이해력이나 능력으로는 그 말씀을 받는 것이 어려웠습니다. 그래서 제자들은 그처럼 한계 없는 용서의 능력을 감당할 수 있도록, "우리에게 믿음을 더하소서"라고 요청하였습니다. 이러한 제자들의 요구에 예수님은 겨자씨 믿음을 말씀하셨습니다. 이어서 비유로 말씀하신 대답은 무엇입니까?

- 7-10절

2 예수님께서 믿음을 요구하는 제자들에게 종의 자세를 말씀하신 이유는, 믿음의 본질이 뽕나무를 뿌리째 뽑아 바다에 심는 기적이 아니라, 자신을 무익한 종으로 여기는 섬김임을 알려주시려는 것입니다. 7, 8, 9, 10절에서 보이는 종의 의무, 태도, 본성, 자세를 당신의 말로 풀어서 말해보세요.

- 7절

• 8절

• 9절

• 10절

3 믿음의 혈관에 종 된 의식이 흐르는 이유는 우리가 품어야 할 “그리스도 예수의 마음”의 진수(眞髓)가 “종의 형체”이기 때문입니다(빌 2:5-7). 예수님께서 우리의 죄를 대속하시기 위해 종으로 오셨다면, 언제 어디서나 예수님의 마음을 품고 살아야 할 성도가 종의 자세를 갖는 것은 당연합니다. 이처럼 우리가 종으로서 진심을 다해 섬길 때 하나님께서 주시는 복은 무엇인지 생각해보세요.

• 빌립보서 2:5-7

• 누가복음 12:37b

4 다음 글을 읽고, 성경적 섬김이 무엇인지 생각하고 섬김이 그리스도인의 본성이 되는 이유를 묵상해보세요.

> 기독교의 섬김은 세상이 말하는 섬김과는 결이 다른, '무모한 섬김'입니다. 성경적인 섬김은 적당한 섬김, 내가 약간 손해 보는 정도의 섬김이 아니라, 자신의 목숨까지도 내어놓는 섬김입니다(막 10:45).
>
> 20세기의 순교자로 불리는 본훼퍼는 이렇게 말했습니다. "자기의 삶에서 한 번이라도 하나님의 사랑을 체험한 사람은 그 후로 섬김을 당연시 할 것이다." 또 토마스 아 켐피스는 "내 소원은 단 하루라도 주님의 은혜에 합당한 봉사를 하는 것이다"라고 말했습니다.
>
> 하나님의 사랑을 경험하고, 하나님의 은혜에 사로잡힌 자에게 섬김은 의무가 아닌 간절한 소원이며, 거룩한 본능으로 작동합니다.

5 그리스도인답게 산다는 것은 예수님이 모범을 보이신 섬김의 삶을 사는 것입니다. 이것은 삶의 현장에서 하나님의 자녀로서 은혜 가운데 사는 것이고(딤후 2:1), 청지기로서 충성을 다하는 것이며(고전 4:2), 사명의 경주자로서 좌고우면하지 않고 목표를 향해 달려가는 것이고(딤후 4:7), 깨끗한 그릇으로 준비되어 언제 어디서나 쓰임 받는 인생으로 사는 것입니다(딤후 2:21). 당신은 믿음에 뿌리를 내린 고귀한 섬김의 삶을 살고 있습니까? 이를 위한 당신의 결심과 실천사항을 나눠보세요.

삶의 열매를 거두며

종의 자세를 가진 믿음은 우리 속에 깊게 자리 잡고 있는 자기중심적 사고방식, 자아실현의 욕구를 끊어내는 것에서 시작합니다. 그러나 우리 속에서 '나 우선주의'는 잡초처럼 너무도 끈질기게 자라고 있기 때문에, 한두 번의 섬김으로는 뽑히지 않습니다. 섬김이 우리 몸에 거룩한 본능으로 체화됨으로, 하나님을 반역하는 '나 중심'을 뿌리 뽑고 진정으로 예수님의 마음을 품는 종의 자세로 살아갈 수 있도록 성령님의 도우심을 구하는 기도를 드립시다.

Lesson 19

나는 누구의 이웃인가?

누가복음 10:25-37

25 어떤 율법교사가 일어나 예수를 시험하여 이르되 선생님 내가 무엇을 하여야
영생을 얻으리이까
26 예수께서 이르시되 율법에 무엇이라 기록되었으며 네가 어떻게 읽느냐
27 대답하여 이르되 네 마음을 다하며 목숨을 다하며 힘을 다하며 뜻을 다하여 주
너의 하나님을 사랑하고 또한 네 이웃을 네 자신 같이 사랑하라 하였나이다
28 예수께서 이르시되 네 대답이 옳도다 이를 행하라 그러면 살리라 하시니
29 그 사람이 자기를 옳게 보이려고 예수께 여짜오되 그러면 내 이웃이 누구니이까
30 예수께서 대답하여 이르시되 어떤 사람이 예루살렘에서 여리고로 내려가다가
강도를 만나매 강도들이 그 옷을 벗기고 때려 거의 죽은 것을 버리고 갔더라
31 마침 한 제사장이 그 길로 내려가다가 그를 보고 피하여 지나가고
32 또 이와 같이 한 레위인도 그 곳에 이르러 그를 보고 피하여 지나가되
33 어떤 사마리아 사람은 여행하는 중 거기 이르러 그를 보고 불쌍히 여겨
34 가까이 가서 기름과 포도주를 그 상처에 붓고 싸매고 자기 짐승에 태워 주막
으로 데리고 가서 돌보아 주니라
35 그 이튿날 그가 주막 주인에게 데나리온 둘을 내어 주며 이르되 이 사람을 돌
보아 주라 비용이 더 들면 내가 돌아올 때에 갚으리라 하였으니
36 네 생각에는 이 세 사람 중에 누가 강도 만난 자의 이웃이 되겠느냐
37 이르되 자비를 베푼 자니이다 예수께서 이르시되 가서 너도 이와 같이 하라
하시니라

마음의 문을 열며

선한 사마리아인의 비유는 지난 수천 년 동안 회자되어 왔고, 성경을 한 번도 읽어본 적이 없는 사람에게도 낯설지 않은 이야기입니다. 그러나 교인들조차도 이 비유의 진의를 제대로 이해하지 못하는 경우가 많습니다.

교회 안팎으로 이 비유를 오해하는 것은 자기중심적 사고방식에 사로잡힌 현대사회의 비극이라고 할 수 있습니다. 이 비유를 말씀하신 예수님의 의도를 알려면 율법교사가 물었던 "누가 나의 이웃인가?"라는 관점으로는 한 걸음도 나아갈 수 없습니다.

오늘 말씀 속에서 예수님께서 우리를 위해 성육신하셨듯이, 우리도 예수님처럼 이웃의 자리까지 무릎걸음으로 낮아져 "나는 진정 누구의 이웃인가?"를 묻고, 그 물음에 합당한 신앙의 실천으로 나아가는 시간이 되기를 바랍니다.

말씀의 씨를 뿌리며

1 본문에 등장하는 율법교사는 예수님의 질문에 칭찬을 받을 정도로 성경에 정통했습니다. 그가 다시 "자기를 옳게 보이려고" 예수님께 던진 질문은 무엇입니까? 그리고 율법교사에게 던진 예수님의 역질문에서 달라진 것은 무엇입니까?

- 29절

- 36절

2 예루살렘에서 여리고로 가다가 강도를 만나 옷이 벗겨지고 맞아서 거의 죽게 된 사람을 지나가다 본 이들은 어떤 사람들이었으며, 이들의 태도는 각각 어떠했습니까?

- 31-35절

3 선한 사마리아인의 비유에서 "이 세 사람 중에 누가 강도 만난 자의 이웃이 되겠느냐"라는 예수님의 질문에 당연하게 할 수 있는 대답은 무엇입니까? 그런데도 우리가 그 당연한 대답을 하지 못하는 이유는 무엇인지 당신의 말로 풀어서 이야기해보세요(참고. 요일 4:18).

4 다음의 글을 읽고, 예수님의 선한 사마리아인 비유를 복음의 관점에서 묵상해보세요.

우리는 선한 사마리아인 비유에서 복음의 진수를 보아야 합니다. 강도 만난 자는 바로 우리 자신입니다. 우리는 죄로 인해 그냥 두면 죽을 수밖에 없는 존재였습니다. 우리는 하나님을 거부한 채 하나님을 떠난 자였습니다. 우리의 옷을 벗긴 강도는 다름 아닌 우리 자신의 불의였고, 우리가 받은 상처들은 우리의 손으로 할퀴어서 생겨난 것들이었습니다. 우리는 본성적으로 예수님을 대적하고 거부한 사람이었습니다.

강도 만난 자는 사마리아인의 친절을 거부하지 않았지만 우리는 예수님의 사랑을 거절했고, 심지어 예수님께서 우리의 상처를 싸매신 것을 풀어버렸습니다. 예수님을 배척했으며 우리에게 부어주신 기름과 포도주도 거절했습니다.

이런 점에서 우리가 강도 만난 자의 이웃이 되기 위해서는 무엇보다도 먼저 나 자신이 강도 만난 자와 같은 흉악한 몰골로 그냥 두면 영원히 죽을 수 밖에 없는 존재였음을 깨달아야 합니다. 그리고 그런 우리를 살리기 위해서 십자가에 피 흘려 자신을 드린 예수님께 치밀어 오르는 진정한 감사로 각성되어야 합니다. 그럴때 비로소 우리는 말이 아니라 삶으로 강도 만난 자의 이웃이 될 수 있습니다.

5 예수님의 선한 사마리아인 비유는 바른 해석보다 바른 실천이 중요하며, '누가 나의 이웃인가?'라는 관점에서 '나는 누구의 이웃인가?'라는 시각의 전환을 가질 때에 비로소 목자의 심정으로 이웃 사랑을 실천할 수 있음을 보여줍니다. 제사장이나 레위인처럼 당신에게는 강도 만난 자를 피하는 구실을 찾는 태도는 없는지 살펴보고, 강도 만난 자의 이웃이 되기 위한 당신의 결심과 실천사항을 나눠보세요.

삶의 열매를 거두며

우리는 삶의 현장에서 어떻게 하면 구체적이고 실천적으로 강도 만난 자의 이웃으로 살아갈 수 있을까요? 선한 사마리아인의 실천은 더 이상 지체할 시간이 없다는 절박함으로 지금 시작해야 합니다. 돌아보면 벌써 나이 50이요 60이며, 머지않아 70, 80이 될 것입니다. 우리의 몸에 근력이 있을 때에 선한 사마리아인의 삶을 지체하지 않고 실천할 수 있도록 성령님의 도우심을 구하는 기도를 드립시다.

Lesson 20

왕의 잔치에 초대합니다

마태복음 22:1-14

1 예수께서 다시 비유로 대답하여 이르시되
2 천국은 마치 자기 아들을 위하여 혼인 잔치를 베푼 어떤 임금과 같으니
3 그 종들을 보내어 그 청한 사람들을 혼인 잔치에 오라 하였더니 오기를 싫어
하거늘
4 다시 다른 종들을 보내며 이르되 청한 사람들에게 이르기를 내가 오찬을 준
비하되 나의 소와 살진 짐승을 잡고 모든 것을 갖추었으니 혼인 잔치에 오소
서 하라 하였더니
5 그들이 돌아 보지도 않고 한 사람은 자기 밭으로, 한 사람은 자기 사업하러
가고
6 그 남은 자들은 종들을 잡아 모욕하고 죽이니
7 임금이 노하여 군대를 보내어 그 살인한 자들을 진멸하고 그 동네를 불사르고
8 이에 종들에게 이르되 혼인 잔치는 준비되었으나 청한 사람들은 합당하지 아
니하니
9 네거리 길에 가서 사람을 만나는 대로 혼인 잔치에 청하여 오라 한대
10 종들이 길에 나가 악한 자나 선한 자나 만나는 대로 모두 데려오니 혼인 잔치
에 손님들이 가득한지라
11 임금이 손님들을 보러 들어올새 거기서 예복을 입지 않은 한 사람을 보고
12 이르되 친구여 어찌하여 예복을 입지 않고 여기 들어왔느냐 하니 그가 아무
말도 못하거늘
13 임금이 사환들에게 말하되 그 손발을 묶어 바깥 어두운 데에 내던지라 거기
서 슬피 울며 이를 갈게 되리라 하니라
14 청함을 받은 자는 많되 택함을 입은 자는 적으니라

마음의 문을 열며

성경에 나타난 하나님 나라의 특징 중 하나는 혼인예식과 같은 '잔치성'입니다. 세상에는 수많은 잔치들이 있습니다. 그러나 하나님 나라의 잔치와 세상 나라의 잔치에는 명백한 차이가 있습니다. 세상의 잔치는 대개 주인(host)을 중심으로 열립니다. 하지만 하나님 나라의 잔치는 100퍼센트 주인을 위하여, 그리고 100퍼센트 초대받는 사람을 위하여 열립니다. 그리고 초대받은 사람의 운명이 바뀌는 것이 하나님 나라 잔치의 독특성입니다.

오늘 말씀 속에서 '100퍼센트 하나님을 위하여, 100퍼센트 우리를 위하여' 열리는 하나님 나라 잔치의 신비에 눈이 열려, 하나님 나라 잔치의 주인공으로서 "항상 기뻐하라"는 말씀을 매일의 삶에서 실천하는 능력을 경험하는 시간이 되기를 바랍니다.

말씀의 씨를 뿌리며

1 자기 아들을 위하여 혼인 잔치를 베푼 임금이 종들을 보내어 청한 사람들에게 무엇이라고 말하며, 임금의 초대에 청함 받은 사람들은 어떻게 반응하였습니까?

- 4-6절

2 잔치에 청함을 받은 사람들이 초청을 거절하자, 임금은 다시 종들을 네거리 길에 보내어 거기서 만나는 사람들을 초청하고 있습니다. 이제 혼인 잔치는 손님들로 가득 차게 되었습니다(10절). 임금이 잔치에 참석한 손님들을 둘러보던 중에 예복을 입지 않은 한 사람을 발견했을 때 한 말은 무엇이며, 임금이 종들에게 내린 명령은 무엇입니까?

- 11-13절

3 혼인 예복을 입지 않은 자에 대한 임금의 조치는 언뜻 지나친 것처럼 보입니다. 임금의 명령을 이해하기 위해서는 예복이 가진 성경신학적 의미를 먼저 파악해야 합니다. 다음 구절을 통해 예복이 가진 의미를 생각해보고, 준비된 예복 대신에 자신의 옷을 입고 참석한 사람의 심중의 소리를 당신의 말로 풀어서 이야기해보세요(참고. 계 7:14).

- 이사야 61:10

- 요한계시록 3:17a

4 다음 글을 읽고, 하나님 나라의 잔치성에 대해서 묵상해보세요.

하나님 나라는 본질적으로 사람들이 동서남북으로부터 와서 참여하는 잔치입니다(눅 13:29). 이 잔치는 희락을 위해 베푸는 것입니다(전 10:19). 이처럼 기독교가 혼인 잔치의 희락성을 가지고 있는 이유는, 예수님을 구주로 믿는 모든 자는 신랑되시는 예수님의 신부이기 때문입니다. 기독교에서 신랑과 신부가 누리는 잔치의 즐거움의 원천은 하나님이십니다(사 61:10). 이사야는 우리의 기쁨과 즐거움을 사모를 쓴 신랑과 보석으로 단장한 신부가 갖는 기쁨과 즐거움으로 묘사했는데, 그 이유는 하나님께서 주시는 구원의 예복을 입을 수 있기 때문입니다.

이러한 하나님 나라의 잔치성은 삶의 어떤 장벽도 넘어서는 초월적인 기쁨이요, 다른 사람의 영혼까지 전율케 하는 성도의 거룩한 기쁨으로 나타나게 됩니다. 바울과 실라는 감옥에서 발에 차꼬를 차고도 찬송했고, 이 기쁨은 넘치는 강물처럼 사방팔방으로 퍼져나갔으며, 간수의 마음과 그의 온 집안을 구원의 기쁨으로 가득 채웠습니다(행 16:34b).

5 예수님은 혼인 잔치 비유를 통해 "천국은 희락으로 가득한 잔칫집이다"라고 말씀하셨습니다. 지금 당신의 신앙생활에는 천국의 잔치성이 깃들어 있습니까? 그렇지 않다면 그 이유를 생각해보고, 하나님 나라의 희락성을 일상에서 누리기 위한 당신의 결심과 실천사항을 나눠보세요(참고. 롬 14:17).

삶의 열매를 거두며

하나님은 지금도 우리를 위하여 잔치를 베풀고 계십니다(눅 13:29). 우리는 하나님 나라의 잔치에 참여하는 특권을 가지고, 언제 어디에서든지 잔치를 누리는 사람입니다. 특별히 가정에서부터 하나님 나라의 잔치의 즐거움이 강처럼 넘실대도록 성령님의 도우심을 구하는 기도를 드립시다.

Lesson
21

달란트의 신비

마태복음 25:14-30

14 또 어떤 사람이 타국에 갈 때 그 종들을 불러 자기 소유를 맡김과 같으니
15 각각 그 재능대로 한 사람에게는 금 다섯 달란트를, 한 사람에게는 두 달란
트를, 한 사람에게는 한 달란트를 주고 떠났더니
16 다섯 달란트 받은 자는 바로 가서 그것으로 장사하여 또 다섯 달란트를 남기고
17 두 달란트 받은 자도 그같이 하여 또 두 달란트를 남겼으되
18 한 달란트 받은 자는 가서 땅을 파고 그 주인의 돈을 감추어 두었더니
19 오랜 후에 그 종들의 주인이 돌아와 그들과 결산할새
20 다섯 달란트 받았던 자는 다섯 달란트를 더 가지고 와서 이르되 주인이여 내
게 다섯 달란트를 주셨는데 보소서 내가 또 다섯 달란트를 남겼나이다
21 그 주인이 이르되 잘하였도다 착하고 충성된 종아 네가 적은 일에 충성하였
으매 내가 많은 것을 네게 맡기리니 네 주인의 즐거움에 참여할지어다 하고
22 두 달란트 받았던 자도 와서 이르되 주인이여 내게 두 달란트를 주셨는데 보
소서 내가 또 두 달란트를 남겼나이다
23 그 주인이 이르되 잘하였도다 착하고 충성된 종아 네가 적은 일에 충성하였
으매 내가 많은 것을 네게 맡기리니 네 주인의 즐거움에 참여할지어다 하고
24 한 달란트 받았던 자는 와서 이르되 주인이여 당신은 굳은 사람이라 심지 않
은 데서 거두고 헤치지 않은 데서 모으는 줄을 내가 알았으므로
25 두려워하여 나가서 당신의 달란트를 땅에 감추어 두었었나이다 보소서 당신
의 것을 가지셨나이다

26 그 주인이 대답하여 이르되 악하고 게으른 종아 나는 심지 않은 데서 거두고
헤치지 않은 데서 모으는 줄로 네가 알았느냐
27 그러면 네가 마땅히 내 돈을 취리하는 자들에게나 맡겼다가 내가 돌아와서
내 원금과 이자를 받게 하였을 것이니라 하고
28 그에게서 그 한 달란트를 빼앗아 열 달란트 가진 자에게 주라
29 무릇 있는 자는 받아 풍족하게 되고 없는 자는 그 있는 것까지 빼앗기리라
30 이 무익한 종을 바깥 어두운 데로 내쫓으라 거기서 슬피 울며 이를 갈리라
하니라

마음의 문을 열며

하나님은 모든 사람에게 예외 없이 달란트를 주셨습니다. 그리고 본문에서 주인이 "받은 달란트로 무엇을 했느냐"고 물었던 것처럼, 심판대에서 각 사람에게 "너는 내가 준 달란트로 무엇을 했는가?"라고 질문하실 것이며, 우리는 그 질문에 마땅히 대답해야 할 의무가 있습니다.

오늘 말씀 속에서 우리 각자가 받은 달란트를 예수님을 위해, 그리고 하나님의 뜻을 이루기 위해 사용하는 법을 배움으로, 일평생 "착하고 충성된 하나님의 종"이 되기로 소원하고 결단하는 시간이 되기를 바랍니다.

말씀의 씨를 뿌리며

1 어떤 주인이 먼 여행을 하면서 종들에게 "자기 소유"를 "각각 그 재능대로" 맡기고 떠났습니다. 종들은 주인이 돌아올 때까지 자신이 받은 달란트를 각각 어떻게 사용했는지 말해보세요.

- 14절

- 16-18절

2 오랜 후에 주인이 돌아와서 종들에게 맡긴 것을 결산하는 시간이 되었을 때, 종들이 각자의 달란트 사용에 대해 주인에게 고한 말은 무엇이며, 주인은 그들 각자에게 어떻게 대답하고 있습니까?

- 20-30절

3 주인은 각각 다섯 달란트와 두 달란트를 남긴 종들에게 조금도 차별하지 않고 동일하게 칭찬하고 있습니다. 반면에 주인이 한 달란트 받은 종을 "악하고 게으른 종, 무익한 종"이라고 부른 이유를 생각해보고 당신의 말로 풀어서 이야기해보세요(참고. 마 24:48-51).

4 다음 글을 읽고, 자신이 받은 달란트는 모두 하나님께로부터 왔으며, 자신의 달란트를 누수없이 사용하는 최선책은 소명 의식에 있음을 묵상해보세요.

그리스도인으로서 멋진 인생 후반전을 살 수 있는 비결은 무엇입니까? 그리고 노년이 되어서도 성공적인 인생으로 마무리할 수 있는 비결은 무엇일까요? 그것은 '소명 의식'입니다. 소명 의식은 내가 가진 달란트가 하나님께서 주신 것이라는 의식에 기초합니다. 내가 가진 재능이나 달란트가 하나님께서 주신 것이라는 사실을 진정으로 믿는 사람은 오스 기니스의 말처럼 "나이가 들어 직업에서 은퇴할 수는 있어도 소명에서 은퇴할 수는 없습니다." 이것이 소명을 끝까지 놓치지 않는 그리스도인이 일정한 나이가 되면 인생의 전성기는 끝났다고 생각하는 세상 사람들과는 다르게, 시간이 갈수록 미래를 선명하게 바라보며 인생의 후반전을 믿음의 색깔을 가지고 더욱 풍성하게 살아갈 수 있는 이유입니다.

5 각각 다섯 달란트와 두 달란트를 남겨서 착하고 충성된 종이라는 말을 들었던 종들은 믿음의 모험을 감행한 사람들입니다. 당신이 믿음의 모험을 감행하지 못하는 이유가 세상에 안주하기 때문은 아닌지 생각해 보고, "내가 무엇을 받았는가?"보다 "내가 가진 것으로 무엇을 할 것인가?"의 관점에서 자신이 받은 달란트를 제대로 사용하기 위한 결심과 실천사항을 나눠보세요.

삶의 열매를 거두며

배는 항구에 정박하기 위해서가 아니라 항해를 위해서 존재합니다. 하나님께서 우리에게 달란트를 주신 것도 우리로 하여금 하나님 나라를 위한 믿음의 항해를 하도록 하기 위해서입니다. 우리가 세상의 위협에 주저앉지 않고, 세상의 소리에 유혹되지 않도록, 그리하여 우리가 받은 달란트를 땅에 묻어두지 않고 믿음의 모험을 감행할 수 있도록 성령님이 도우심을 구하는 기도를 드립시다.

memo

Lesson 22

양과 염소 심판

마태복음 25:31-46

31 인자가 자기 영광으로 모든 천사와 함께 올 때에 자기 영광의 보좌에 앉으리니
32 모든 민족을 그 앞에 모으고 각각 구분하기를 목자가 양과 염소를 구분하는
것 같이 하여
33 양은 그 오른편에 염소는 왼편에 두리라
34 그 때에 임금이 그 오른편에 있는 자들에게 이르시되 내 아버지께 복 받을
자들이여 나아와 창세로부터 너희를 위하여 예비된 나라를 상속받으라
35 내가 주릴 때에 너희가 먹을 것을 주었고 목마를 때에 마시게 하였고 나그네
되었을 때에 영접하였고
36 헐벗었을 때에 옷을 입혔고 병들었을 때에 돌보았고 옥에 갇혔을 때에 와서
보았느니라
37 이에 의인들이 대답하여 이르되 주여 우리가 어느 때에 주께서 주리신 것을
보고 음식을 대접하였으며 목마르신 것을 보고 마시게 하였나이까
38 어느 때에 나그네 되신 것을 보고 영접하였으며 헐벗으신 것을 보고 옷 입혔
나이까
39 어느 때에 병드신 것이나 옥에 갇히신 것을 보고 가서 뵈었나이까 하리니
40 임금이 대답하여 이르시되 내가 진실로 너희에게 이르노니 너희가 여기 내
형제 중에 지극히 작은 자 하나에게 한 것이 곧 내게 한 것이니라 하시고
41 또 왼편에 있는 자들에게 이르시되 저주를 받은 자들아 나를 떠나 마귀와 그
사자들을 위하여 예비된 영원한 불에 들어가라

42 내가 주릴 때에 너희가 먹을 것을 주지 아니하였고 목마를 때에 마시게 하지
아니하였고
43 나그네 되었을 때에 영접하지 아니하였고 헐벗었을 때에 옷 입히지 아니하
였고 병들었을 때와 옥에 갇혔을 때에 돌보지 아니하였느니라 하시니
44 그들도 대답하여 이르되 주여 우리가 어느 때에 주께서 주리신 것이나 목마
르신 것이나 나그네 되신 것이나 헐벗으신 것이나 병드신 것이나 옥에 갇히
신 것을 보고 공양하지 아니하더이까
45 이에 임금이 대답하여 이르시되 내가 진실로 너희에게 이르노니 이 지극히
작은 자 하나에게 하지 아니한 것이 곧 내게 하지 아니한 것이니라 하시리니
46 그들은 영벌에, 의인들은 영생에 들어가리라 하시니라

마음의 문을 열며

"한 번 죽는 것은 사람에게 정하신 것이요 그 후에는 심판이 있으리니" (히 9:27). 우리에게 심판의 확실함을 일깨우는 암송구절입니다. 중요한 것은 어떤 상태로 하나님의 심판대 앞에 서는가입니다.

심판을 묘사하는 '양과 염소 비유'는 너무도 구체적이고 엄중하게 묘사되고 있습니다. 그 이유는 사람의 궁극적 심판이 완전한 실체이자 완전한 사실이며, 지상에서의 선택이 '영벌'과 '영생'을 결정하기에 일말의 다른 해석도 용인될 수 없기 때문입니다.

오늘 말씀을 통해 우리의 심령이 다시 크게 경고를 받아 어떤 상황에서도 양으로서 예수님의 심판대 앞에 두려움 없이 서도록 거룩한 깨달음이 있는 시간이 되기를 바랍니다.

말씀의 씨를 뿌리며

1 예수님께서 영광 중에 다시 오셔서 모든 민족을 심판대 앞에 모으고 양은 오른편에 염소는 왼쪽에 두실 것입니다. 양과 염소에 대한 예수님의 판결문을 살펴보고, 이러한 판결의 기준은 무엇인지 말해보세요.

- 양에 대해서: 35-36절

- 염소에 대해서: 42-43절

- 양과 염소 모두에 대한 공통적인 판결 : 45-46절

2 예수님의 판결에 대해 양과 염소 측 모두 크게 놀랐습니다. 본문에 나타난 양과 염소의 태도를 보면서 이들이 이렇게 반응하고 있는 이유를 은혜 의식(고전 15:10)과 공로 의식(마 6:1-2)의 관점에서 생각해보세요.

- 양의 태도: 37-39절

- 염소의 태도: 44절

3 죄성을 가진 인간이 염소의 유혹과 심판을 피하고 양의 자리에 설 수 있게 하는 것은 무엇일까요? 그것은 복음의 감격과 은혜에 대한 영원한 채무 의식일 것입니다. 중요한 것은 자신의 공로라는 분자의 수보다 구원의 감격이라는 분모의 숫자를 키우는 것입니다. 다음 구절들을 참고하여 은혜 의식을 키우는 방법을 이야기해보세요.

- 요한복음 12:43

- 데살로니가전서 2:4

4 다음 글을 읽고, 일상에서 예수님을 진정으로 섬긴다는 것이 무엇인지 묵상해보세요.

우리는 모두 장차 예수님의 심판대 앞에 설 것이며, 거기 선 모든 사람들에게 천지간에 울려 퍼질 질문이 던져질 것입니다. 그러나 많은 사람들이 귀를 막고 이 질문을 듣지 않으려고 할 것입니다. "사는 동안 얼마나 벌었는가?" "친구를 몇이나 사귀었는가?" "직장에서 어떤 일을 했는가?" 혹은 "책을 몇 권이나 썼는가?" 이런 질문이라면 손을 들고 자신 있게 대답할 수 있는 사람들이 적지 않을 것입니다. 그러나 예수님은 심판대 앞에 선 우리에게 결코 이런 질문을 하시지 않을 것입니다.

예수님은 "네 형제 중 지극히 작은 자에게 한 일이 무엇이냐?"라고 물으실 것입니다. 왜냐하면 지극히 작은 자에게 한 일이 곧 예수님에게 한 일이기 때문입니다. 루터의 말입니다. "이웃이 가난한 것을 본다면, 당신의 소유로 섬기시오. 만일 이것을 하지 않는다면, 당신은 그리스도인이 아닙니다."

5 염소의 속성을 제거하고 양의 속성을 확장하기 위한 테스트지가 있다면 신념이나 성경 지식, 교리가 아니라, "내 형제 중에 지극히 작은 자"(40절)에게 하는 섬김입니다. 여기서의 형제는 공동체 속의 형제를 의미합니다. 교회 밖에도 어려운 사람들이 많은데, 믿음의 가정들에게 선행이나 구제를 먼저 해야 하는 이유를 생각해보고, 공동체 속의 형제들의 어려움을 돌아보기 위한 당신의 결심과 실천사항을 나눠보세요.

삶의 열매를 거두며

자신을 드러내지 않고 봉사와 선행을 한다는 것은 틈만 있으면 자신의 공로를 드러내려는 죄성을 가진 인간의 속성과는 맞지 않습니다. 그렇기 때문에 어떤 상황에서도 '예수님을 위해, 예수님과 함께, 예수님을 향해'가 영적 본능으로 체질화되게 하는 것이 중요합니다. 우리의 섬김이 무의식의 영역에까지 뿌리내릴 수 있도록 성령님의 도우심을 구하는 기도를 드립시다.

Lesson
23

종말의식으로 세상 살기

누가복음 21:29-36

29 이에 비유로 이르시되 무화과나무와 모든 나무를 보라
30 싹이 나면 너희가 보고 여름이 가까운 줄을 자연히 아나니
31 이와 같이 너희가 이런 일이 일어나는 것을 보거든 하나님 나라가 가까이 온
줄을 알라
32 내가 진실로 너희에게 말하노니 이 세대가 지나가기 전에 모든 일이 다 이루
어지리라
33 천지는 없어지겠으나 내 말은 없어지지 아니하리라
34 너희는 스스로 조심하라 그렇지 않으면 방탕함과 술취함과 생활의 염려로
마음이 둔하여지고 뜻밖에 그 날이 덫과 같이 너희에게 임하리라
35 이 날은 온 지구상에 거하는 모든 사람에게 임하리라
36 이러므로 너희는 장차 올 이 모든 일을 능히 피하고 인자 앞에 서도록 항상
기도하며 깨어 있으라 하시니라

마음의 문을 열며

“나는 그리스도인으로 살고 있는가?” “나는 예수님의 재림을 사모하며 살고 있는가?” 이 두 질문은 동전의 양면처럼 같은 질문이라고 할 수 있습니다. 예수님의 재림을 기다리지 않는 사람이 기도하며 깨어 있을 리 없고, 깨어 기도하지 않으면서 건강한 그리스도인으로 살 수 없습니다.

오늘 본문은 우리에게 종말의식을 가지고 깨어 기도함으로 느슨해진 신앙의 허리끈을 다시 묶고, 내 삶을 감싸고 있는 세속적 안개를 걷어내어 다시금 신앙의 전선(戰線)에 바로 서라고 명하고 있습니다. 말씀을 통해 영적으로 둔한 마음을 일깨움으로, 이제는 돌이킬 수 없다고 망연자실한 절박한 삶조차 ‘창조적 리셋의 은혜’를 누리는 시간이 되기를 바랍니다.

말씀의 씨를 뿌리며

1 예수님께서 아름다운 돌과 헌물로 꾸며진 예루살렘 성전이 때가 되면 돌 하나도 돌 위에 남지 않고 무너뜨려질 것을 말씀하시자, 이것을 듣고 있던 제자들은 언제 이런 일이 일어나며, 그때에 어떤 징조가 있는지를 물었습니다(눅 21:5-7). 이에 예수님께서 비유로 하신 말씀은 무엇입니까?

- 29-31절

2 종말의 때에 일어나는 징조를 알기 위해서 무화과나무를 보라는 말씀은 나무에 싹이 나는 것을 보면 계절의 변화를 알 수 있듯이 민족들이 서로 전쟁을 하고, 지진과 기근과 전염병을 비롯한 무서운 일들이 일어나는 것을 보게 되면 세상의 종말이 다가왔음을 깨달으라는 의미를 담고 있습니다. 예수님께서 종말의 시기를 사는 그리스도인에게 명령하신 것은 무엇입니까?

- 36절

3 다음 구절을 참고하여 우리가 종말의 시기에 기도하며 깨어 있기 위해 해야 할 일들을 정리해보세요.

- 34절

- 베드로후서 3:11–12

4 다음의 글을 읽고, 철저하게 종말의식을 가지고 산다는 것에 대해서 묵상해보세요.

종말은 불신자에게 미래의 일이요 죽는 순간을 의미하지만, 신자에게는 현재이자 미래라는 이중적인 의미를 가지고 있습니다. 불신자에게 종말은 두려움이지만, 그리스도인에게는 기다림이고 소망입니다. 그러므로 지금 당신에게 종말이 기다림과 소망이 아니라면 종말의식을 가지고 살지 않는 것입니다.

성경적인 의미의 종말을 대비하며 현재를 살아간다는 것은 신구약에서 동일하게 가르치는 부활 의식과 심판 의식을 가지고 사는 것입니다. 이 땅에서 부활 의식과 심판 의식에 기초한 종말의식을 가지고 살고 있음을 보여주는 지표가 있습니다. 지금 당신이 사는 공간에 종말을 일깨우는 작은 표지라도 있습니까? 멋지고 훌륭한 가구로만 채워진 집, 세상적인 스케줄로만 가득한 일상, 세속적 즐거움으로만 가득찬 삶 속에서 종말의 겉옷 자락이라도 찾을 수 없다면, 예수님의 재림과 예수님만이 나의 구원자이심을 실제적으로 믿으며 사는 삶이 아닙니다.

5 주님 오실 날이 가까울수록 마귀는 세상을 더욱 방탕하게 하고, 삶에 대한 두려움과 염려를 일으켜 마음을 더욱 둔하게 할 것이며(34절), 구원의 문을 막으려고 결사적으로 기독교를 억압하고 성도의 신앙을 핍박할 것입니다(눅 21:12). 이처럼 세상이 우리를 쾌락으로 유혹하고 고난의 자리로 몰아갈 때 "항상 기도하며 깨어 있기 위한" 당신의 결심과 실천사항을 나눠보세요.

삶의 열매를 거두며

그리스도인의 삶은 매일이 천국으로 향하는 여정입니다. 그렇다면 지금 천국으로 가는 당신의 가방에는 무엇이 들어 있습니까? 행여나 세상의 반짝이는 것들로 가득 채워져 있지는 않습니까? 천국 여정을 위한 가방에 우리를 영적으로 잠들게 하는 "육신의 정욕과 안목의 정욕과 이생의 자랑"이 아니라, 항상 기도하며 깨어 있기 위해 없어서는 안 될 필수품들로 채워지도록 성령님의 도우심을 구하는 기도를 드립시다.

국제제자훈련원은 건강한 교회를 꿈꾸는 목회의 동반자로서 제자 삼는 사역을 중심으로 성경적 목회 모델을 제시함으로 세계 교회를 섬기는 전문 사역 기관입니다.

하나님 나라의 비밀을 열다

초판 1쇄 인쇄 2025년 2월 13일
초판 1쇄 발행 2025년 2월 23일

지은이 오정현

펴낸이 박주성
펴낸곳 국제제자훈련원
등록번호 제2013-000170호(2013년 9월 25일)
주소 서울시 서초구 효령로68길 98(서초동)
전화 02)3489-4300 **팩스** 02)3489-4329
이메일 dmipress@sarang.org

ISBN 978-89-5731-928-4 04230